こんななやみを
もっているキミへ……

つい、ダラダラ
しちゃう……

先生《せんせい》やおうちの人《ひと》に
おこられる……

やることが多《おお》すぎて、
自分《じぶん》の時間《じかん》が
取《と》れない……

自分《じぶん》のやりたいこと
がわからない……

花まる学習会

12才までに身につけたい

時間の使い方

花まる学習会 著

日本能率協会マネジメントセンター

はじめに

「早《はや》くしなさい！」

「宿題《しゅくだい》はもう終《お》わったのか？」

「明日《あした》の準備《じゅんび》はできているの？」

「何時《なんじ》だと思《おも》っているんだ！」

この本《ほん》を手《て》に取《と》ってくれているキミはきっと、こういう言葉《ことば》にもううんざりしているんじゃないかな。

この本《ほん》は、「こうすればキミは明日《あした》からテキパキできる！」という本《ほん》じゃない。
なぜかというと、「時間《じかん》を上手《じょうず》に使《つか》う」って、何《なん》でもテキパキと終《お》わらせることだけじゃないと、ぼくは思《おも》っているからなんだ。
自分《じぶん》が大切《たいせつ》にしていること、大切《たいせつ》にしたいと思《おも》っていることにじっくり時間《じかん》を使《つか》うことだって、将来《しょうらい》につながる、とても大事《だいじ》な

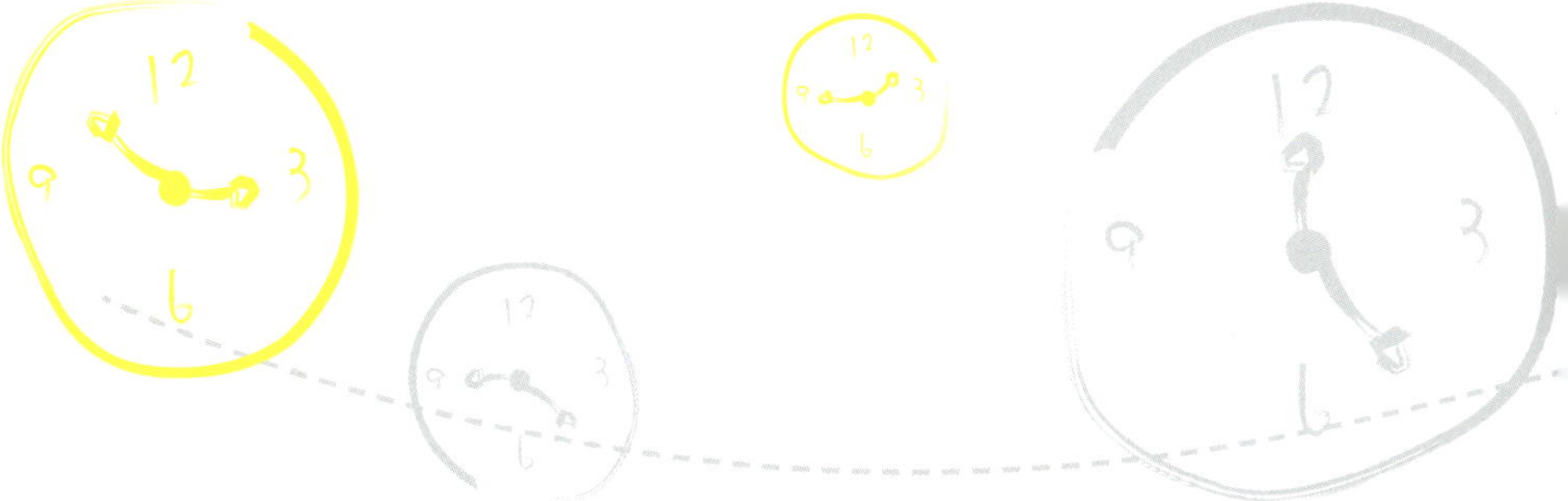

時間《じかん》だ。

それに、「時間《じかん》を上手《じょうず》に使《つか》って、おうちの人《ひと》や学校《がっこう》の先生《せんせい》にしかられないようにしよう」という目的《もくてき》も、ちょっとちがうと思《おも》う。大事《だいじ》なのは、「相手《あいて》の気持《きも》ちを考《かんが》えて知《し》る」というところだ。だから、ぼくはこの本《ほん》を、キミたち、子《こ》どもの気持《きも》ちと、おうちの人《ひと》たち、おとなの気持《きも》ちの両方《りょうほう》を考《かんが》えながら書《か》いているよ。

キミもいつかおとなになる日《ひ》がくる。その時《とき》には、きっと、キミの時間《じかん》の使《つか》い方《かた》をしかる、おうちの人《ひと》の気持《きも》ちがよくわかるようになっているだろう。でも、ただしかるだけではなく、少《すこ》しでも、今《いま》のキミの気持《きも》ちも思《おも》い出《だ》せるおとなになってほしい。

この本《ほん》を読《よ》み終《お》わった時《とき》に、キミが「時間《じかん》は無限《むげん》にあるわけではない」ということを理解《りかい》し、ときに大胆《だいたん》に、ときに繊細《せんさい》に、時《じ》間《かん》を上手《じょうず》に使《つか》えるようになることを願《ねが》っているよ。

もくじ

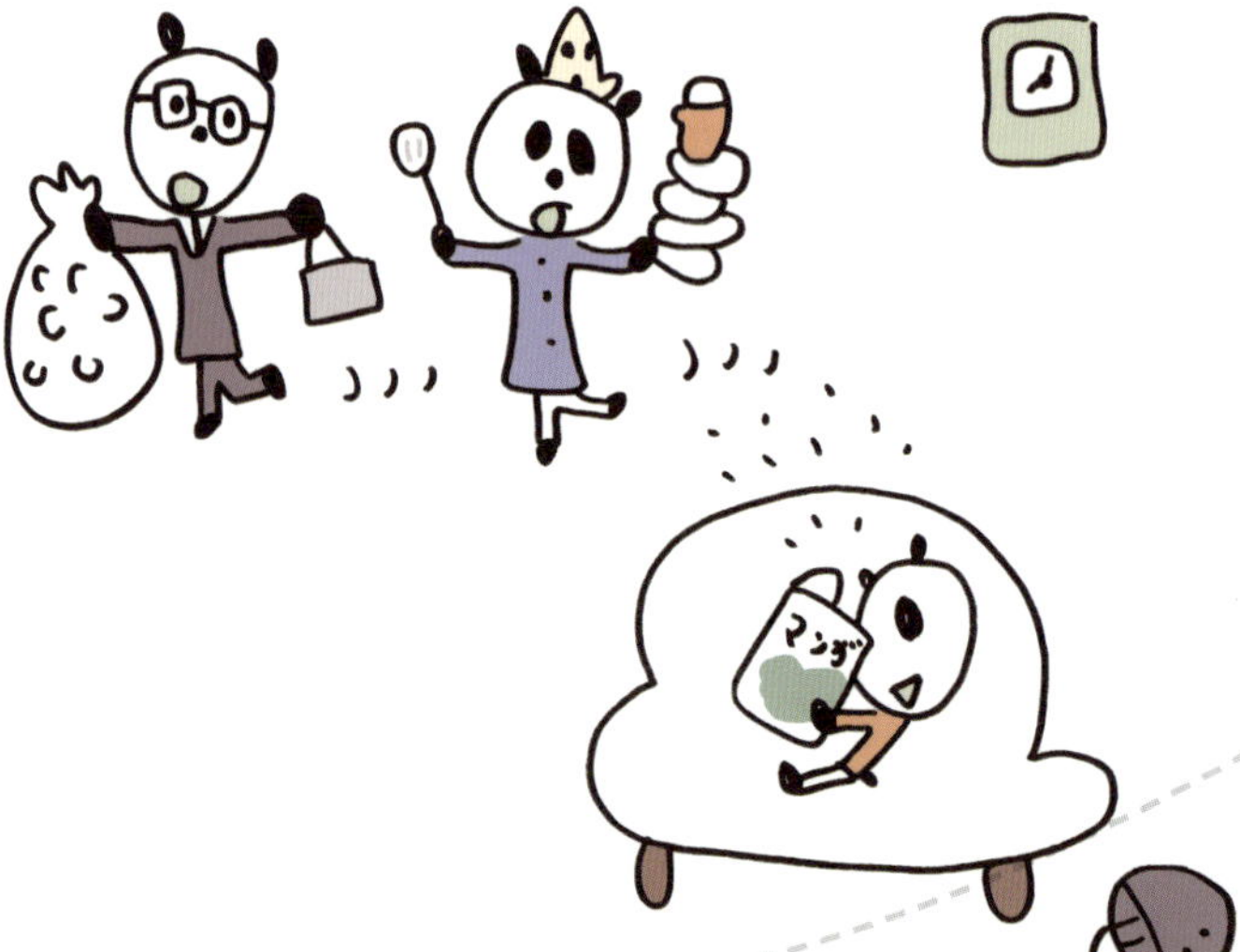

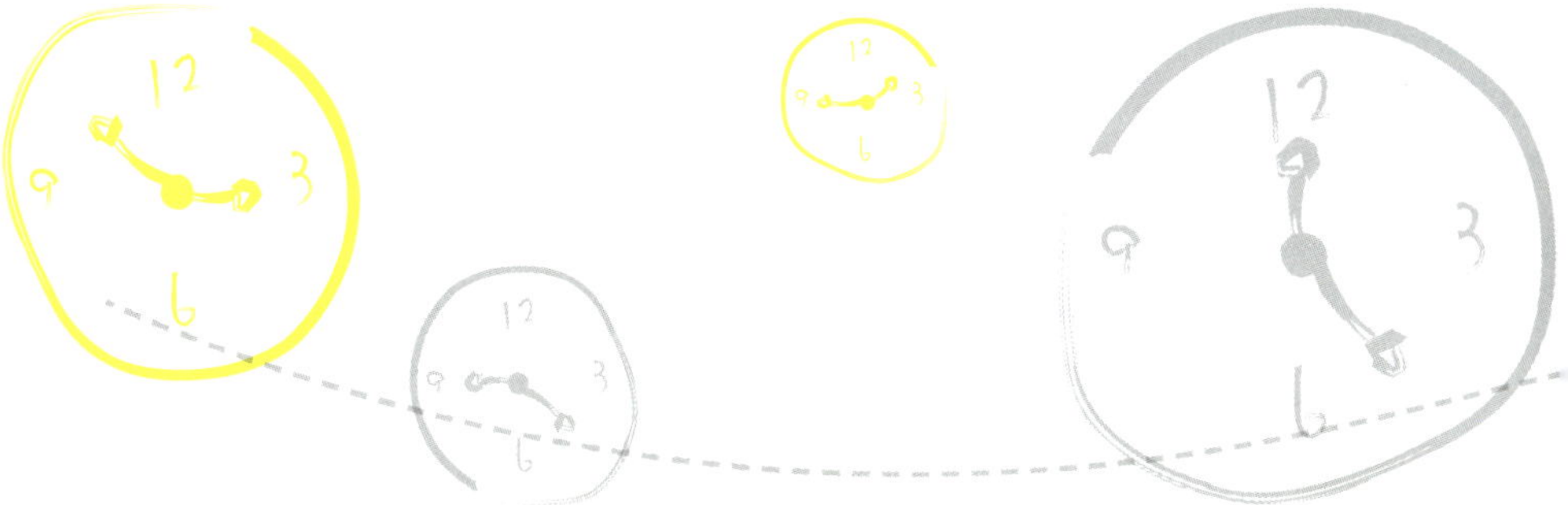

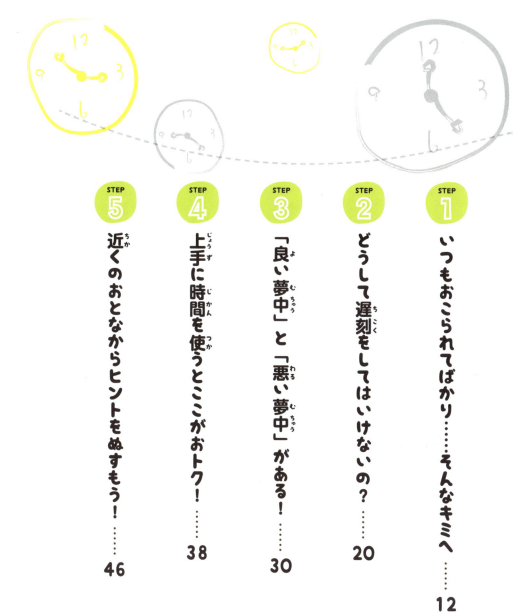

本書《ほんしょ》の使《つか》い方《かた》

図解《ずかい》…「本文《ほんぶん》」の内容《ないよう》や、「時間《じかん》の使《つか》い方《かた》」についてのワンポイント・アドバイスを、わかりやすいイラストで説明《せつめい》しています。

STEP 2 どうして遠慮をしてはいけないの？
残り時間はあと何分？
70
おばあちゃん
40
お父さん
10
わたし
6
弟
あと何分生きられるかは、ほんとうはだれにもわからないね。
会える時間はあと何分？
もうすぐひっこししてしまう友だち
遠くに住んでいるおばあちゃん
仕事がいそがしいいとこのお兄ちゃん
一生の残り時間、考えたことある？
考えてみよう 2
じゃあ、人生はいったい何分ぐらいあるんだろう。今、平均寿命がだいたい80歳ぐらいだと言われているね。仮に80年生きるとしたら……。そして、そのなかで自由に使える時間は……？
ここで考えてほしい。まだ子どものキミの時間は、たくさん残っている。でも、キミの周りにいる大切な人の時間は、もしかしたらそんなにたくさん残されてはいないかもしれないんだ。かわいがってくれているおじいちゃんやおばあちゃんの残されている時間や、お父さんやお母さんの残されている時間は、どのくらいだろう？
残り時間が少なくなってくれば、もっと時間を大切にしたくなるよね。時間の価値は、みんな同じというわけではないということを知っておこう。
25
24

本文《ほんぶん》…「時間《じかん》の使《つか》い方《かた》」についての10のひみつを解説《かいせつ》しています。

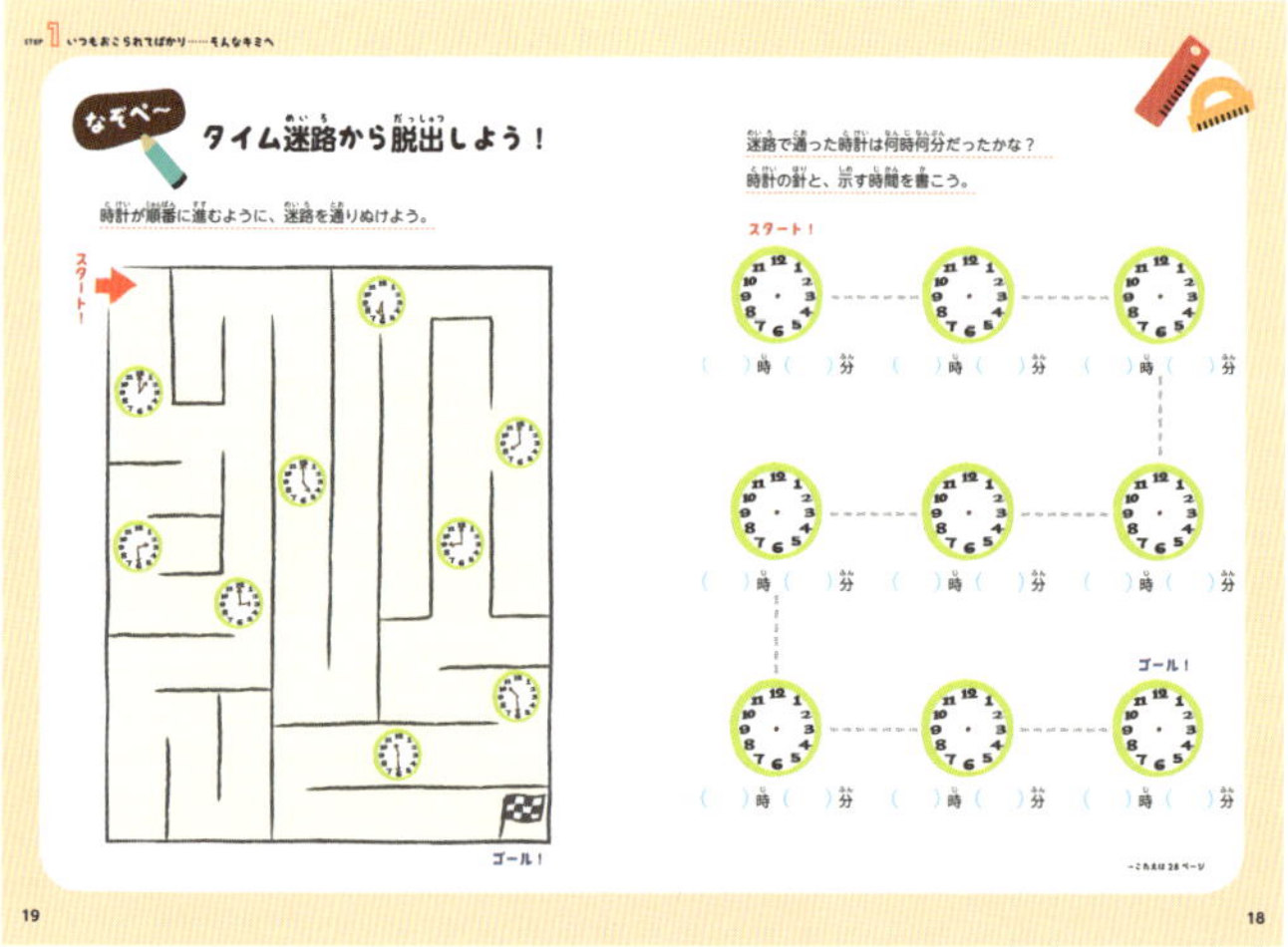

STEP 1 いつもおこられてばかり……そんなキミへ
なぞぺ～
タイム迷路から脱出しよう！
時計が順番に進むように、迷路を通りぬけよう。
スタート！
ゴール！
迷路で通った時計は何時何分だったかな？
時計の針と、示す時間を書こう。
スタート！
（　）時（　）分
ゴール！
→こたえは28ページ
19
18

なぞぺ～…「時間《じかん》の使《つか》い方《かた》」に関《かん》するクイズや迷路《めいろ》を、各章《かくしょう》の終《お》わりに用意《ようい》しています。スケジュールの立《た》て方《かた》や、上手《じょうず》な時間《じかん》の使《つか》い方《かた》を、楽《たの》しみながら学《まな》べます。

登《とう》場《じょう》人《じん》物《ぶつ》紹《しょう》介《かい》

パンダくん

明《あか》るくてのんびりやさんの男《おとこ》の子《こ》。
やりたいことがたくさんあって、
何《なに》からすればいいのかわからない。

ウサギちゃん

しっかりものでがんばりやさんの
女《おんな》の子《こ》。習《なら》い事《ごと》が多《おお》くて、最近《さいきん》
ちょっとつかれているようす。

とけい先生《せんせい》

この本《ほん》を書《か》いている人《ひと》。時間《じかん》の
使《つか》い方《かた》のひみつを教《おし》えてくれる、
やさしい先生《せんせい》。

いつまで
ダラダラしてるの！
今日《きょう》はうさぎちゃんと
遊《あそ》ぶ約束《やくそく》が
あるんじゃなかったの？
忘《わす》れてた！
ごめーん
もー、
しかたないわね！
うん
いいよ……
しょんぼり
あれ、
ウサギちゃん
元気《げんき》ないね。
おなか痛《いた》い？
もっと時間《じかん》を
きちんと使《つか》いなさいって、
お母《かあ》さんに
しかられたの……
えっ？
ウサギちゃん、
ぼくよりずっと
しっかりしている
じゃない！

マンガを読《よ》んでいたら、先《さき》に宿題《しゅくだい》やりなさいって……お母《かあ》さんの言《い》うことは正《ただ》しいんだけど……

でも習《なら》い事《ごと》の練習《れんしゅう》もあるし……

うわーーん
お父《とう》さんもお母《かあ》さんも、どうやって仕事《しごと》と家事《かじ》と趣味《しゅみ》と全部《ぜんぶ》こなしているんだろう？

このままじゃわたし、ちゃんとしたおとなになれないよ～

時間《じかん》の使《つか》い方《かた》でおなやみかな？

わたしはとけい先生《せんせい》。時間《じかん》の使《つか》い方《かた》のひみつを、いっしょに考《かんが》えてみよう！

STEP 1

いつもおこられてばかり……そんなキミへ

キミたちのおうちの人《ひと》のなやみ

ぼくは普段《ふだん》、学習塾《がくしゅうじゅく》で、子《こ》どもたちに勉強《べんきょう》を教《おし》える仕事《しごと》をしている。そこで、おうちの人《ひと》のなやみを聞《き》く機会《きかい》があるんだ。

じつは、おうちの人《ひと》たちのなやんでいることは、もう、ほとんどいっしょ。まちがいなく、おうちの人《ひと》のなやみ第《だい》1位《い》は、キミたち子《こ》どもの「時間《じかん》の使《つか》い方《かた》の下手《へた》さに困《こま》っている」なんだ！

「うちの子《こ》はまったく時間《じかん》を気《き》にしないで、いつもダラダラしているんです！」

「わたしも言《い》いたくはないのですが、言《い》わないといつまでもやらないんです！」

「やることを後回《あとまわ》しにして、ギリギリになってから、泣《な》きながら始《はじ》めるんです！」

キミも、おうちの人《ひと》の顔《かお》がうかんだんじゃないかな？

おうちの人《ひと》のなやみ

いつもダラダラしているな。そのことで、いつもおこってしまう。そんなに宿題《しゅくだい》をやるのがイヤなのかな。

うちの子《こ》、最低限《さいていげん》の宿題《しゅくだい》しかやらないわ。宿題《しゅくだい》は少《すく》ないし、わかっていないところが多《おお》そうなのに、大丈夫《だいじょうぶ》かしら。

子《こ》どものなやみ

宿題《しゅくだい》がない日《ひ》や早《はや》く終《お》わった日《ひ》も、「これ残《のこ》っているよ」とドリルを持《も》ってきたり、「漢字《かんじ》やれば？」って言《い》われたりして、休《やす》めないよ。

家《いえ》では「宿題《しゅくだい》はやったの？」「おふろに入《はい》りなさい」「学校《がっこう》の準備《じゅんび》をしてしまいなさい」と、ずっと指示《しじ》されている気《き》がする……。

「できるようになる」ためには練習《れんしゅう》が必要《ひつよう》

普段《ふだん》からできているおとなは、「何《なん》でこんな簡単《かんたん》なことができないんだろう」って思《おも》うんだろうね。でも、これはとても不思議《ふしぎ》なことだ。だって、まだ子《こ》どものキミに、「おとなと同《おな》じように上手《じょうず》に時間《じかん》を使《つか》えるはずだ」と言《い》っているんだよ。しかも、「いつかできるようになってほしい」ではなく、「今《いま》できていないのはおかしい」と思《おも》っているみたいだ。

たとえば、鉄《てつ》ぼうが得意《とくい》なキミが、2歳《さい》くらいのヨチヨチ歩《ある》きの子《こ》に「逆上《さかあ》がりができないなんておかしいよ！」と言《い》うだろうか？　できないに決《き》まっているよね。だって、逆上《さかあ》がりができるようになるまでには、鉄《てつ》ぼうにつかまる、前回《まえまわ》りをする、……と、いくつものステップがあるわけだもの。

できるようになるためのステップ

ステップ 1

鉄《てつ》ぼうにつかまれる
ようになる

回《まわ》るのってこわい……

ステップ 2

前回《まえまわ》りができるよう
になる

回《まわ》るようになれた！　でも、
逆《さか》さ回《まわ》りだと足《あし》が上《あ》がらない……

ステップ 3

補助台《ほじょだい》を使《つか》って
逆上《さかあ》がりができる
ようになる

おへそを鉄《てつ》ぼうに近《ちか》づけると、
できるようになるのかも……？

ステップ 4

逆上《さかあ》がりが
できた！

最初《さいしょ》のSTEP《ステップ》を
キミはふみ出《だ》した！

　時間《じかん》の使《つか》い方《かた》も、逆上《さかあ》がりと同《おな》じ。身《み》につけるためには何《なん》ステップもの練習《れんしゅう》が必要《ひつよう》だ。ときには失敗《しっぱい》して学《まな》ぶことも大事《だいじ》。おうちの人《ひと》も、失敗《しっぱい》を重《かさ》ねて、だんだん、時間《じかん》を上手《じょうず》に使《つか》えるようになってきたんだ。

　いちばんはじめのステップは、「上手《じょうず》になりたい」と思《おも》う気持《きも》ち。この本《ほん》を手《て》に取《と》ってくれたということは、「時《じ》間《かん》をもっとうまく使《つか》えるようになりたい」という気持《きも》ちがあるんだよね？　時間《じかん》の使《つか》い方《かた》が上手《じょうず》な人《ひと》が周《まわ》りにいるとか、計画《けいかく》してやりたいことができたとか、「上手《じょうず》になりたい」と思《おも》うきっかけがあったのかな。すばらしいことだね。

　ではいっしょに、時間《じかん》について学《まな》んでいこう！

迷路《めいろ》で通《とお》った時計《とけい》は何時何分《なんじなんぷん》だったかな？

時計《とけい》の針《はり》と、示《しめ》す時間《じかん》を書《か》こう。

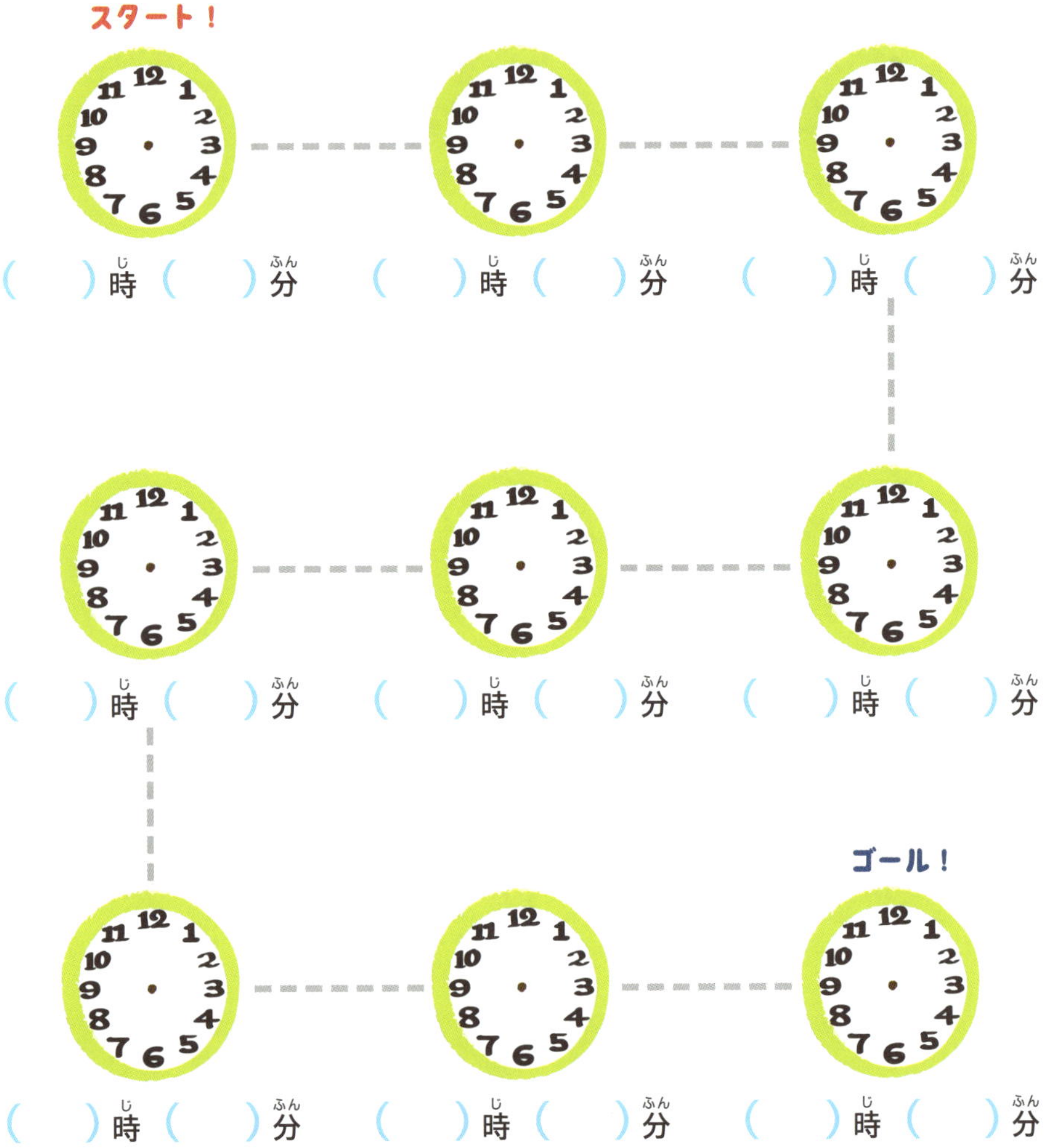

スタート！
（　）時《じ》（　）分《ふん》
（　）時《じ》（　）分《ふん》
（　）時《じ》（　）分《ふん》
（　）時《じ》（　）分《ふん》
（　）時《じ》（　）分《ふん》
（　）時《じ》（　）分《ふん》
（　）時《じ》（　）分《ふん》
（　）時《じ》（　）分《ふん》
ゴール！
（　）時《じ》（　）分《ふん》

→こたえは 28 ページ

なぞぺ～ タイム迷路《めいろ》から脱出《だっしゅつ》しよう！

時計《とけい》が順番《じゅんばん》に進《すす》むように、迷路《めいろ》を通《とお》りぬけよう。

STEP 2

どうして遅刻《ちこく》をしてはいけないの？

10分《ぶん》の遅刻《ちこく》くらい、何《なん》てことないって思《おも》ってない？

キミは待《ま》ち合《あ》わせ時間《じかん》、守《まも》っているかな？

友《とも》だちと遊《あそ》びに行《い》く時《とき》や、習《なら》い事《ごと》に行《い》く時《とき》。少《すこ》しおとなになって、大切《たいせつ》な人《ひと》とデートをする時《とき》。こういう、他人《たにん》との待《ま》ち合《あ》わせで、毎回遅刻《まいかいちこく》をしてしまう人《ひと》、いないかな？

待《ま》ち合《あ》わせの時《とき》、約束《やくそく》の時間《じかん》を守《まも》った人《ひと》と守《まも》らなかった人《ひと》の心《こころ》の中《なか》は、ずいぶんちがうよね。時間通《じかんどお》り到着《とうちゃく》して、約束《やくそく》を守《まも》った人《ひと》は、イライラすることもあるし、時間《じかん》を守《まも》れない人《ひと》＝自分勝手《じぶんかって》で信用《しんよう》できない人《ひと》というように考《かんが》えてしまうこともある。でも、待《ま》たせた人《ひと》は、「10分《ぷん》くらい別《べつ》にいいでしょ。こっちだって、遅《おく》れたくて遅《おく》れたわけじゃないんだから」と、軽《かる》く考《かんが》えてしまいがち。

どうして、この差《さ》が出《で》てしまうんだろう？

考《かんが》えてみよう 1

1日《にち》の時間《じかん》は何分《なんぷん》かな？

1日《にち》は何分《なんぷん》なのか、知《し》っている？

60分《ぷん》×24時間《じかん》＝1440分《ぷん》

長《なが》い、長《なが》い時間《じかん》に思《おも》えるかな。でも、そこから、寝《ね》る時《じ》間《かん》を8時間《じかん》＝480分《ぷん》として引《ひ》いてみよう。この他《ほか》に、生《い》きていれば必《かなら》ずやらなければいけない、食事《しょくじ》やトイレ、学《がっ》校《こう》に行《い》く時間《じかん》などもある。このような、やるべきことにあてる時間《じかん》を引《ひ》いていくと……？

1日《にち》のうち、自分《じぶん》でコントロールできる自由《じゆう》な時間《じかん》って、意外《いがい》と少《すく》ないね。遅刻《ちこく》したキミを待《ま》っている人《ひと》は、この貴《き》重《ちょう》な時間《じかん》を、ムダにしてしまっているんだ。

1日《にち》は何分《なんぷん》あるかな？

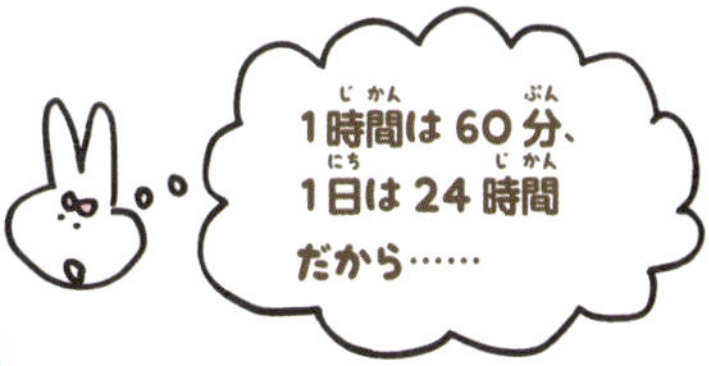
1時間《じかん》は60分《ぷん》、
1日《にち》は24時間《じかん》
だから……

60分《ぷん》×24時間《じかん》＝1440分《ぷん》

でも……

いっぱい
あるね！

毎日《まいにち》の生活《せいかつ》に必要《ひつよう》な時間《じかん》：

睡眠《すいみん》：8時間《じかん》＝480分《ぷん》

食事《しょくじ》（朝《あさ》・昼《ひる》・夜《よる》）：1回《かい》30分《ぷん》×3回《かい》＝90分《ぷん》

歯《は》みがき（朝《あさ》・昼《ひる》・夜《よる》）：1回《かい》5分《ふん》×3回《かい》＝15分《ふん》

トイレ：1回《かい》5分《ふん》×7回《かい》＝35分《ふん》

朝《あさ》のしたく（顔《かお》を洗《あら》う、着《き》がえなど）：20分《ぷん》

おふろ・ドライヤー：30分《ぷん》

明日《あした》の準備《じゅんび》：10分《ぷん》

→480分《ぷん》＋90分《ぷん》＋15分《ふん》＋35分《ふん》＋20分《ぷん》＋30分《ぷん》＋10分《ぷん》＝**680分《ぷん》**

学校《がっこう》や習《なら》い事《ごと》に必要《ひつよう》な時間《じかん》：

学校《がっこう》（午前《ごぜん》8時半《じはん》～午後《ごご》3時半《じはん》）：7時間《じかん》＝420分《ぷん》

通学時間《つうがくじかん》：10分《ぷん》×2＝20分《ぷん》

宿題《しゅくだい》：60分《ぷん》

習《なら》い事《ごと》（1時間《じかん》）：60分《ぷん》

習《なら》い事《ごと》に通《かよ》う時間《じかん》：10分《ぷん》×2＝20分《ぷん》

→420分《ぷん》＋20分《ぷん》＋60分《ぷん》＋60分《ぷん》＋20分《ぷん》＝**580分《ぷん》**

つまり、自由《じゆう》に使《つか》える時間《じかん》は……

1440分《ぷん》－（680分《ぷん》＋580分《ぷん》）＝180分《ぷん》（3時間《じかん》）だけ!!

考《かんが》えてみよう
2

一生《いっしょう》の残《のこ》り時間《じかん》、考《かんが》えたことある？

じゃあ、人生《じんせい》はいったい何分《なんぷん》くらいあるんだろう。今《いま》、平均寿命《へいきんじゅみょう》がだいたい80歳《さい》くらいだと言《い》われているね。仮《かり》に80年《ねん》生《い》きるとしたら……。そして、そのなかで自由《じゆう》に使《つか》える時間《じかん》は……？

ここで考《かんが》えてほしい。まだ子《こ》どものキミの時間《じかん》は、たくさん残《のこ》っている。でも、キミの周《まわ》りにいる大切《たいせつ》な人《ひと》の時間《じかん》は、もしかしたらそんなにたくさん残《のこ》されてはいないかもしれないんだ。かわいがってくれているおじいちゃんやおばあちゃんの残《のこ》されている時間《じかん》や、お父《とう》さんやお母《かあ》さんの残《のこ》されている時間《じかん》は、どのくらいだろう？

残《のこ》り時間《じかん》が少《すく》なくなってくれれば、もっと時間《じかん》を大切《たいせつ》にしたくなるよね。時間《じかん》の価値《かち》は、みんな同《おな》じというわけではないということを知《し》っておこう。

残《のこ》り時間《じかん》はあと何分《なんぷん》？

ただいま 70歳《さい》
おばあちゃん
ただいま 40歳《さい》
お父《とう》さん
ただいま 10歳《さい》
わたし
ただいま 6歳《さい》
弟《おとうと》

あと何分《なんぷん》
生《い》きられるかは、
ほんとうはだれにも
わからないね。

会《あ》える時間《じかん》はあと何分《なんぷん》？

ひっこし
ひっこし

もうすぐ
ひっこして
しまう友《とも》だち

げんき？

遠《とお》くに住《す》んでいる
おばあちゃん

仕事《しごと》がいそがしい
いとこのお兄《にい》ちゃん

待《ま》ち合《あ》わせに遅《おく》れないために

道《みち》を確認《かくにん》しておく

アラームをセットしておく

必要《ひつよう》な物《もの》を
用意《ようい》しておく

それでも、遅刻《ちこく》しちゃう！ とわかったら……

すぐに
電話《でんわ》しよう。

まだ友《とも》だちは
家《いえ》にいた！

待《ま》ち合《あ》わせまでに
別《べつ》のことができるね。

もう友《とも》だちは家《いえ》を
出《で》ていた！

交通《こうつう》ルールは
守《まも》ろうね。

なるべく急《いそ》いで行《い》こう。

ちゃんと謝《あやま》って、
次《つぎ》は遅刻《ちこく》しないと
約束《やくそく》しよう。

時間《じかん》は限《かぎ》られている！

話《はなし》をもどそう。だれかといっしょに行動《こうどう》をする時《とき》って、だいたい待《ま》ち合《あ》わせの時間《じかん》を決《き》めるものだよね。待《ま》ち合《あ》わせをすることによって、どんなすばらしいことが起《お》こるか、わかるかな？

それは、おたがいにムダな時間《じかん》をつくる必要《ひつよう》がなくなるということ。約束《やくそく》した時間通《じかんどお》りに集《あつ》まることができれば、ムダな時間《じかん》をつくることなく、すぐに行動《こうどう》を始《はじ》められて、限《かぎ》られた時間《じかん》を、めいっぱい使《つか》うことができるよね。

そう。時間《じかん》の大切《たいせつ》さは、この、「限《かぎ》られている」というところにあるんだ。待《ま》ち合《あ》わせの時間《じかん》を守《まも》る人《ひと》は、この大《たい》切《せつ》さをよく知《し》っているんだね。

自分《じぶん》の時間《じかん》の使《つか》い方《かた》、自分《じぶん》で何点《なんてん》だと思《おも》う？

その理由《りゆう》も考《かんが》えてみよう。

ズバリ！

点《てん》 ／100

どうして？

例《れい》 朝《あさ》、ギリギリになって、よくお母《かあ》さんにしかられているから。

どうしたらもっと良《よ》くなる？

例《れい》 朝《あさ》、起《お》きてから、ダラダラしないですぐに着《き》がえる。

今日《きょう》からどうがんばる？

例《れい》 何秒《なんびょう》で着《き》がえられるか、タイムを測《はか》る。

19ページのこたえ

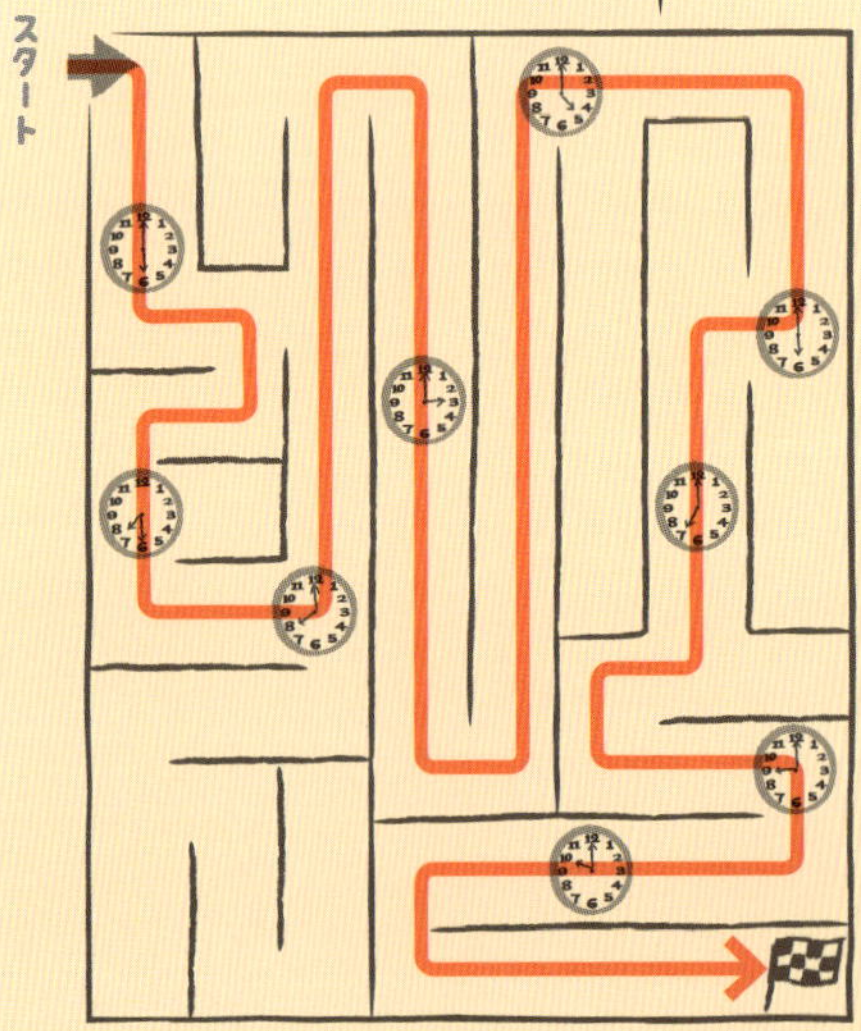

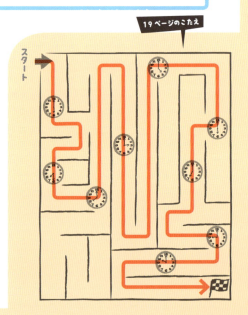

なぞぺ〜

何《なに》に何分《なんぷん》使《つか》っている？

1日《にち》の生活《せいかつ》のなかで、何《なに》にどのくらい時間《じかん》を使《つか》っているか、思《おも》い出《だ》してみよう。

朝《あさ》

- 着《き》がえ （　　　　　）分《ふん》
- 朝《あさ》ごはん （　　　　　）分《ふん》
- 歯《は》みがき （　　　　　）分《ふん》
- 学校《がっこう》に行《い》くしたく （　　　　　）分《ふん》

夕方《ゆうがた》

- 遊《あそ》び （　　　　　）分《ふん》
- 学校《がっこう》の宿題《しゅくだい》 （　　　　　）分《ふん》
- 他《ほか》の勉強《べんきょう》 （　　　　　）分《ふん》
- 習《なら》い事《ごと》 （　　　　　）分《ふん》

夜《よる》

- 夜《よる》ごはん （　　　　　）分《ふん》
- おふろ （　　　　　）分《ふん》
- 歯《は》みがき （　　　　　）分《ふん》
- 寝《ね》るしたく （　　　　　）分《ふん》

STEP 3

「良《よ》い夢中《むちゅう》」と「悪《わる》い夢中《むちゅう》」がある！

「夢中《むちゅう》」ってなんだろう？

人《ひと》って、好《す》きなことをやっている時《とき》は、集中力《しゅうちゅうりょく》が高《たか》まるようにできているもの。「気《き》がついたら、もうこんな時《じ》間《かん》！」なんて経験《けいけん》、キミにもあるよね？ そしてそれは、たとえ大変《たいへん》な練習《れんしゅう》でも、キミにとって幸《しあわ》せで楽《たの》しい時間《じかん》なんじゃないかな。これが「夢中《むちゅう》になる」という状態《じょうたい》だ。

ここで、キミたちのお母《かあ》さんからよく受《う》ける相談《そうだん》を、一《ひと》つ紹介《しょうかい》しよう。

「うちの子《こ》、テレビゲームをしている時《とき》や、テレビ番組《ばんぐみ》を観《み》ている時《とき》は、話《はな》しかけても気《き》がつかないくらい集中《しゅうちゅう》しているんです。この集中力《しゅうちゅうりょく》を、勉強《べんきょう》に活《い》かせないでしょうか？」

キミはどう思《おも》う？ テレビゲームやテレビ番組《ばんぐみ》を楽《たの》しむ「夢中《むちゅう》」って、勉強《べんきょう》に活《い》かせるのかな？

自分《じぶん》で集中《しゅうちゅう》できる夢中《むちゅう》が「良《よ》い夢中《むちゅう》」！

残念《ざんねん》だけど、この「集中《しゅうちゅう》」は、あまり勉強《べんきょう》には活《い》かされないんだ。なぜかというと、テレビゲームも、テレビ番組《ばんぐみ》も、キミたちが楽《たの》しめる刺激《しげき》をドンドン発信《はっしん》してくるものだから、勝手《かって》に集中《しゅうちゅう》できるようになっているんだ。じつはこれは「悪《わる》い夢中《むちゅう》」。刺激《しげき》が強《つよ》いものを、一方的《いっぽうてき》に受《う》けている状態《じょうたい》なんだ。

じゃあ「良《よ》い夢中《むちゅう》」ってなんだろう？ たとえば工作《こうさく》や、読書《どくしょ》、昆虫《こんちゅう》や植物《しょくぶつ》の観察《かんさつ》、囲碁《いご》や将棋《しょうぎ》、外遊《そとあそ》びなど。これらの遊《あそ》びは、「大好《だいす》き！」と思《おも》う人《ひと》もいれば、「どこがおもしろいのかわからない……」と思《おも》う人《ひと》もいるよね。その遊《あそ》び自体《じたい》は刺激《しげき》が少《すく》ないんだけど、キミ自身《じしん》が「大好《だいす》きなことだから」、自分《じぶん》から夢中《むちゅう》になっているんだ。この時《とき》、キミの頭《あたま》は、自分《じぶん》から集中《しゅうちゅう》しようとしているんだよ。

「悪《わる》い夢中《むちゅう》」ってどんな状態《じょうたい》？

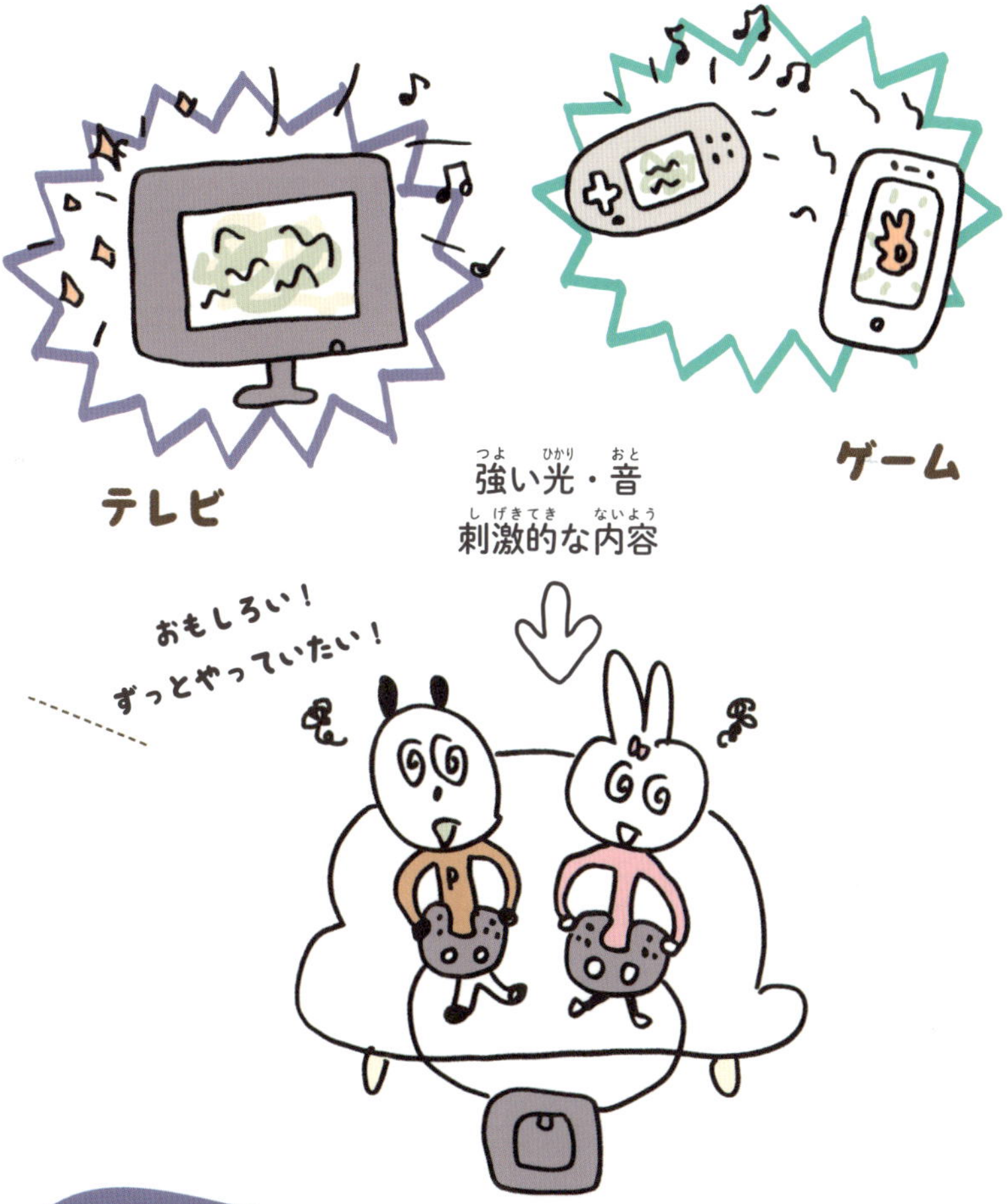
テレビ
ゲーム
強《つよ》い光《ひかり》・音《おと》
刺激的《しげきてき》な内容《ないよう》
おもしろい！
ずっとやっていたい！

がんばったあとのお楽《たの》しみや、
つかれたときのリラックスに、
時間《じかん》を決《き》めて楽《たの》しむなら問題《もんだい》ないよ！

「良《よ》い夢中《むちゅう》」ってどんな状態《じょうたい》？

読書《どくしょ》
囲碁《いご》・将棋《しょうぎ》
テニス
お絵描《えか》き
昆虫採集《こんちゅうさいしゅう》

どうやったら勝《か》てるかな……
こうすればいいのかも？
どうやったら解《と》けるかな……
こうすればいいのかも？

「良《よ》い夢中《むちゅう》」になれる趣味《しゅみ》を見《み》つけよう！

勉強《べんきょう》でだんだん成績《せいせき》がのびる子《こ》に共通《きょうつう》しているのは、「この問題《もんだい》をどうやって解《と》くか」を自分《じぶん》で考《かんが》えようとしていること。漢字《かんじ》や公式《こうしき》を覚《おぼ》えることも、もちろん大事《だいじ》な勉《べん》強《きょう》だけど、はじめて出合《であ》った問題《もんだい》や、難《むずか》しい問題《もんだい》にチャレンジするためには、それまで覚《おぼ》えてきたことを使《つか》って「どうやって解《と》くか」を考《かんが》えることが必要《ひつよう》だよね。これって、「良《よ》い夢中《むちゅう》」と同《おな》じ頭《あたま》の働《はたら》かせ方《かた》なんだ。

強《つよ》い刺激《しげき》を一方的《いっぽうてき》に受《う》け続《つづ》ける「悪《わる》い集中《しゅうちゅう》」の習慣《しゅうかん》ばかりが身《み》についてしまうと、「問題《もんだい》を解《と》く」とか「先生《せんせい》の話《はなし》を聞《き》く」くらいの弱《よわ》い刺激《しげき》では、集中力《しゅうちゅうりょく》を保《たも》てなくなってしまう。自分《じぶん》の意志《いし》で頭《あたま》をよく働《はたら》かせる、「良《よ》い夢中《むちゅう》」になれる趣味《しゅみ》を見《み》つけたら、それにうちこむ時間《じかん》をとるようにしよう。

こう考《かんが》えてみよう

①おやつの時《とき》に必要《ひつよう》な物《もの》は？　絵《え》を描《か》いてみよう！

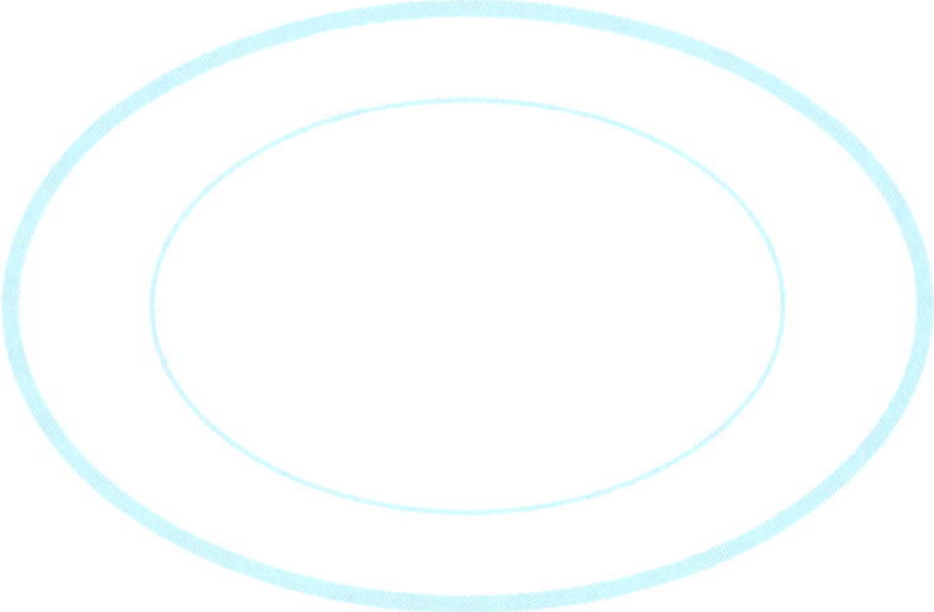

②遊《あそ》ぶ時《とき》に必要《ひつよう》な物《もの》は？　絵《え》を描《か》いてみよう！

③勉強《べんきょう》する時《とき》に必要《ひつよう》な物《もの》は？　絵《え》を描《か》いてみよう！

→こたえは 44 ページ

なぞぺ〜 必要《ひつよう》な物《もの》を拾《ひろ》う迷路《めいろ》 その1

次《つぎ》の①〜③の時《とき》に必要《ひつよう》な物《もの》だけを拾《ひろ》って、いちばん近《ちか》い道《みち》を通《とお》ってゴールしよう！　それぞれどんなルートになるかな？

①おやつ　②遊《あそ》び　③勉強《べんきょう》

STEP

4

上手《じょうず》に時間《じかん》を使《つか》うとここがおトク！

時間《じかん》を上手《じょうず》に使《つか》おう！……と思《おも》う「やる気《き》」がほしい！

さて、ここまで読《よ》み進《すす》めてくれたキミ。「時間《じかん》には限《かぎ》りがある」ということは、わかってくれたかな？　限《かぎ》りある時間《じかん》だから、密度《みつど》の濃《こ》い時間《じかん》を過《す》ごしたほうが、人生《じんせい》は豊《ゆた》かになりそうだ。

「時間《じかん》を上手《じょうず》に使《つか》える人《ひと》」は、次《つぎ》の3点《てん》を守《まも》っていることが多《おお》い。

①「やるべきことをいつまでに終《お》わらせるのか」という計画《けいかく》を、最初《さいしょ》にしっかりと立《た》てる。

②そのために、「今何《いまなに》をするべきなのか」がわかる。

③今《いま》、やると決《き》めたことを、集中《しゅうちゅう》してやりきる。

とくにこの③がポイント。「やると決《き》めたらやる」。あたりまえのことなんだけど、やる気《き》ってそう簡単《かんたん》には出《で》ないものだ。どうすればいいだろう？

おトクポイント1

気持《きも》ちよく時間《じかん》を使《つか》える

　上手《じょうず》な時間《じかん》の使《つか》い方《かた》をしたら、キミにとっておトクだとわかっていれば、がんばれるんじゃないだろうか？

　やるべきことを先《さき》に終《お》わらせてから、やりたいことをやってみたらどうだろう？　すると、「やるべきことをまだやっていない」という不安《ふあん》をもたなくてすむんだ。

　イヤな気持《きも》ちをかかえながら自分《じぶん》の好《す》きなことをしている時《とき》って、本当《ほんとう》に楽《たの》しめている？　頭《あたま》の中《なか》でモヤモヤしている、後《うし》ろめたい気持《きも》ちをふりはらっているんじゃない？

　それは、心《こころ》から楽《たの》しめている状態《じょうたい》ではなさそうだ。つまり、自分《じぶん》の自由《じゆう》な時間《じかん》のはずなのに、不自由《ふじゆう》を感《かん》じているんだ。何《なん》だかもったいないね。

　一度《いちど》、やることを全部《ぜんぶ》終《お》わらせてから、思《おも》いっきり自由《じゆう》な時間《じかん》を過《す》ごしてみよう。その気持《きも》ちよさがわかるはず。

どっちを先《さき》にやる？

やるべきこと
：宿題《しゅくだい》（漢字《かんじ》ドリル）
やりたいこと
：昨日《きのう》の工作《こうさく》の続《つづ》き

おうちの人《ひと》もキミもニコニコ過《す》ごせる！

おトクポイント2

人《ひと》から信頼《しんらい》される

もう一《ひと》つ、時間《じかん》を上手《じょうず》に使《つか》えるようになることでトクすることがある。それは、「人《ひと》から信頼《しんらい》されるようになる」ということだ。

自分《じぶん》では気《き》がつきにくいかもしれないけど、やるべきことを先《さき》に終《お》わらせることが習慣《しゅうかん》になっていると、お父《とう》さんやお母《かあ》さんの口《くち》ぐせが変《か》わってくる。「早《はや》くやりなさい」「これやったの？」が少《すく》なくなるんだ。だって、聞《き》くまでもなく、遊《あそ》んでいるときのキミは、すでにやるべきことを終《お》えているんだとわかっているからね。小言《こごと》を言《い》われなくなるのは、キミを信頼《しんらい》した証《あかし》なんだ。

おたがいに気持《きも》ちよく過《す》ごすって、キミにとっても、おうちの人《ひと》にとっても、良《よ》い時間《じかん》だと思《おも》わないかい？　キミもおうちの人《ひと》も、イライラする時間《じかん》がなくなるからね！

②決《き》まっているスケジュールをうめて、空《あ》いている、60分続《ぷんつづ》けて勉強《べんきょう》できる時間《じかん》を探《さが》そう！

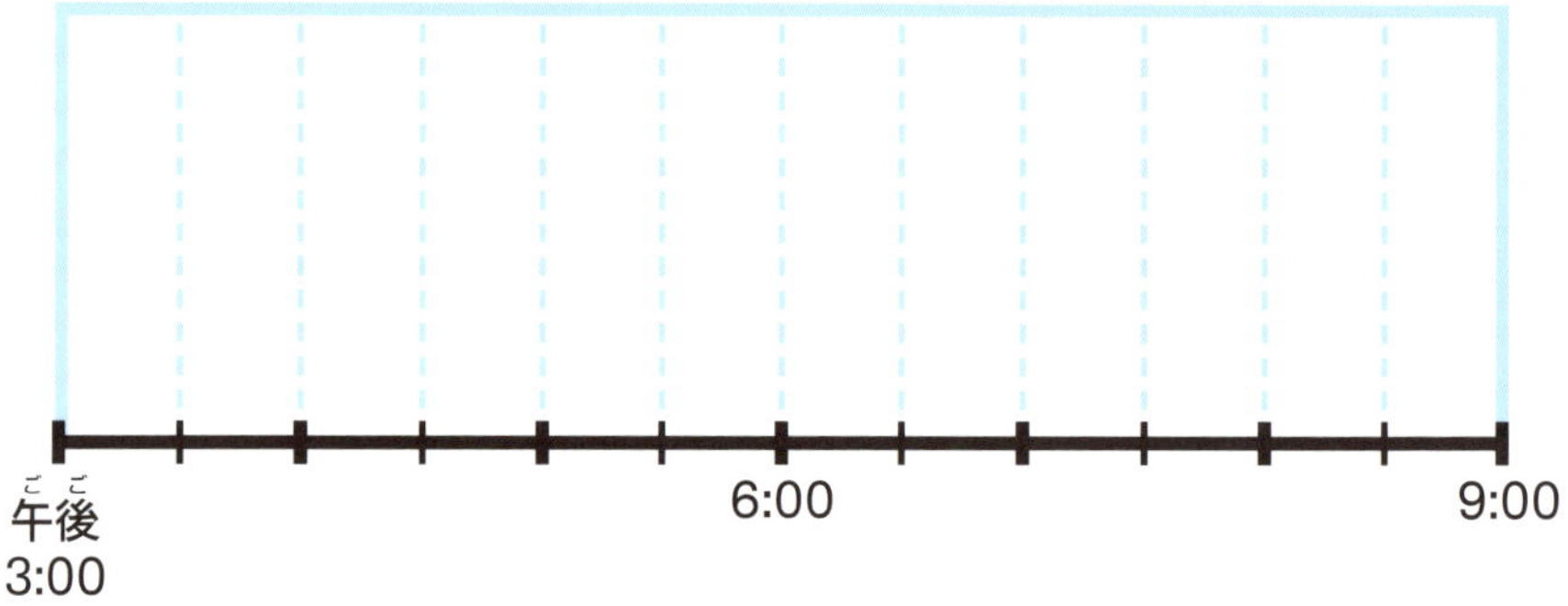

【決《き》まっているスケジュール】

・3:30 から 5:00 までは、友《とも》だちと遊《あそ》びます。

・6:00 から 7:30 までは、ごはんを食《た》べて、テレビを観《み》ます。

・8:00 から 8:30 までは、おふろに入《はい》ります。

回答《かいとう》

勉強《べんきょう》できる時間《じかん》は、

（　：　）～（　：　）

です。

→こたえは 54 ページ

37 ページのこたえ

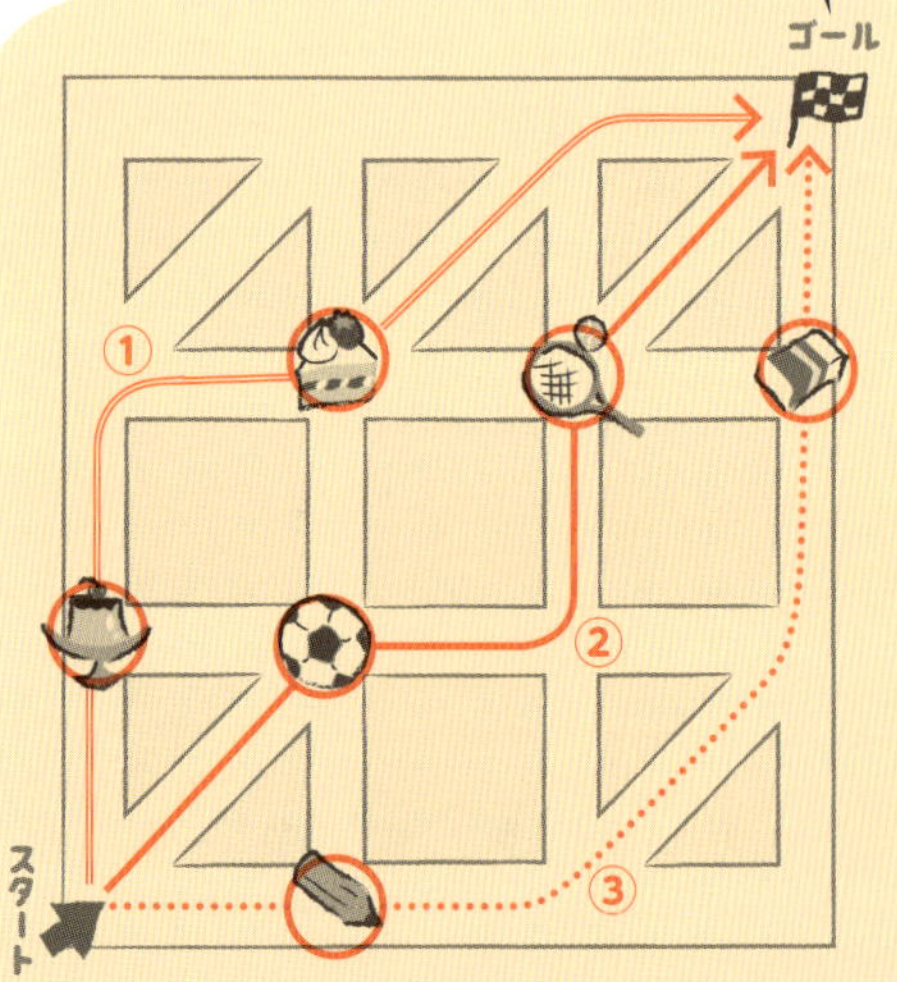

なぞぺ〜

遊《あそ》べる時間《じかん》・勉強《べんきょう》できる時間《じかん》を探《さが》そう！

①決《き》まっているスケジュールをうめて、空《あ》いている、遊《あそ》べる時《じ》間《かん》を探《さが》そう！

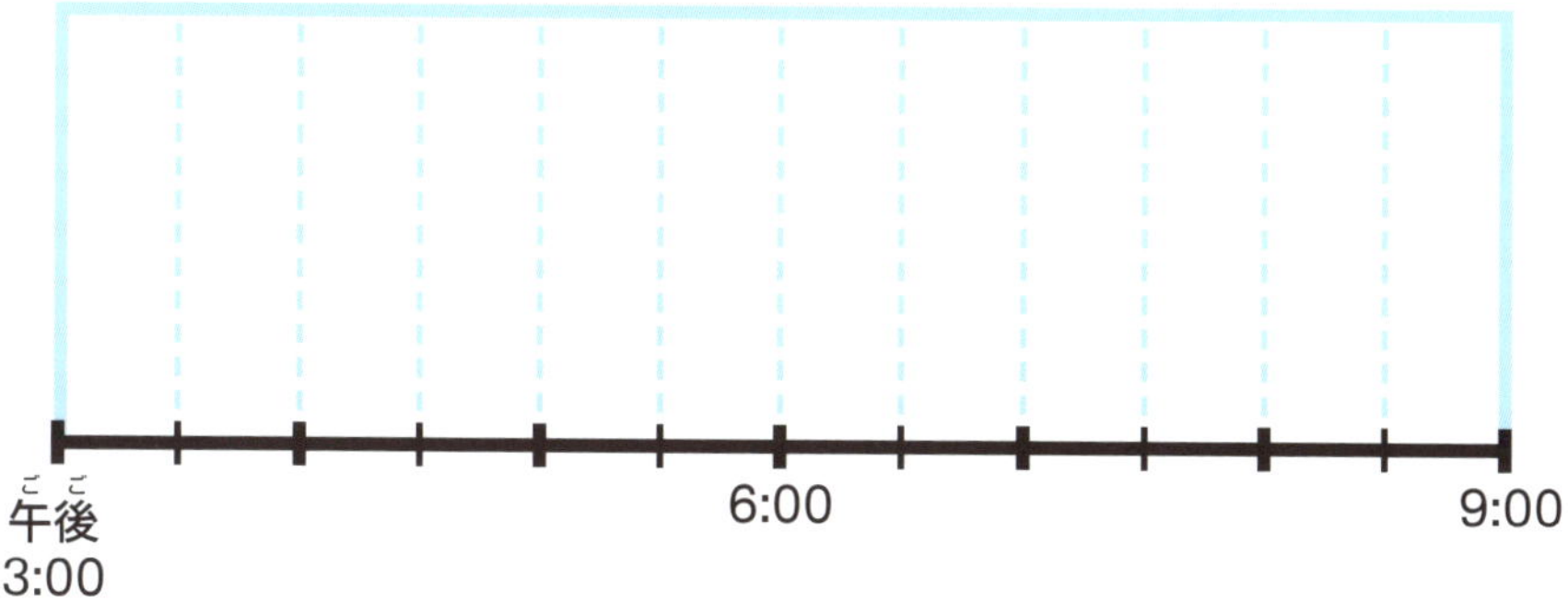

【決《き》まっているスケジュール】

・3:30 から 4:00 までは、宿題《しゅくだい》をします。

・6:00 から 7:00 までは、ごはんを食《た》べます。

・8:00 から 8:30 までは、おふろに入《はい》ります。

・8:30 から 9:00 までは、寝《ね》る準備《じゅんび》をします。

回答《かいとう》

遊《あそ》べる時間《じかん》は、（　：　）〜（　：　）と

（　：　）〜（　：　）です。

STEP

5

近《ちか》くのおとなからヒントをぬすもう！

どうしておとなはいつも
テキパキできるんだろう？

おとなってどうして時間《じかん》の使《つか》い方《かた》が上手《じょうず》なの？

お父《とう》さん、お母《かあ》さん、学校《がっこう》の先生《せんせい》など、キミの周《まわ》りのおとなは、みんな時間《じかん》の使《つか》い方《かた》が上手《じょうず》なように見《み》えるんじゃないかな。おとなたちは簡単《かんたん》にたくさんのことをこなしていくから、「どうしてもっと早《はや》くやっておかないの！」としかられても、「ぼくはお母《かあ》さんとちがって、時間《じかん》の使《つか》い方《かた》が下手《へた》だからしかたがないんだよ」「わたしなりにがんばっているのに、そんなにおこらなくてもいいじゃない」って、くやしくなることはないかな？

でも、おとなだって、最初《さいしょ》から時間《じかん》の使《つか》い方《かた》が上手《じょうず》だったわけじゃないんだ。昔《むかし》はキミと同《おな》じ、子《こ》どもだったんだからね。

おとなには「やらなければならないこと」がたくさんあるから、努力《どりょく》して、時間《じかん》の使《つか》い方《かた》を訓練《くんれん》したんだよ。

考《かんが》えてみよう 1

朝《あさ》のしたくには ヒントがいっぱい！

たとえば、家族《かぞく》の朝《あさ》ごはん担当《たんとう》の人《ひと》（お母《かあ》さんが担当《たんとう》している家《いえ》が多《おお》いかな？）は、みんなが学校《がっこう》や会社《かいしゃ》に行《い》くのに間《ま》に合《あ》うように、朝《あさ》ごはんをつくらなければいけない。お弁当《べんとう》づくりが必要《ひつよう》なおうちもあるかもしれないね。そのためには、前《まえ》の日《ひ》の夜《よる》に、お米《こめ》をといで、すいはん器《き》の予《よ》約《やく》スイッチを入《い》れて、冷蔵庫《れいぞうこ》の中《なか》をチェックして、こんだてを考《かんが》える必要《ひつよう》がある。つくり終《お》えたら、何《なに》を買《か》い足《た》すかまでイメージしているんだよ。

ほかにも、朝《あさ》のうちにしなければならない家事《かじ》はたくさん。ゴミ収集車《しゅうしゅうしゃ》は何曜日《なんようび》の何時《なんじ》に来《く》る？　みんなが朝《あさ》ごはんを食《た》べ終《お》わったら、お皿《さら》を洗《あら》うのに何分《なんぷん》かかる？　洗《せん》たく物《もの》を干《ほ》してから会社《かいしゃ》に行《い》くなら、朝《あさ》ごはんより前《まえ》に、洗《せん》たく機《き》のスイッチを入《い》れておかないといけないね。

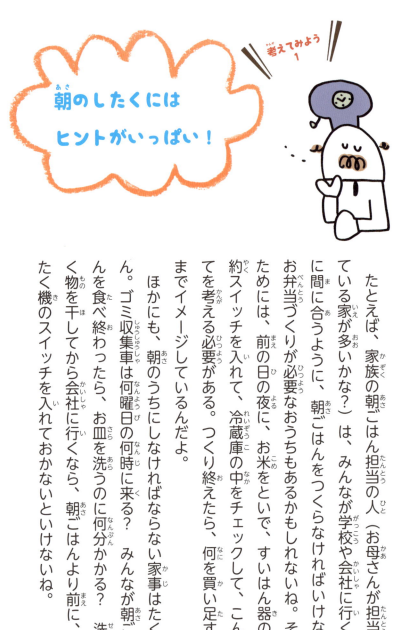

みんなの朝《あさ》のしたく

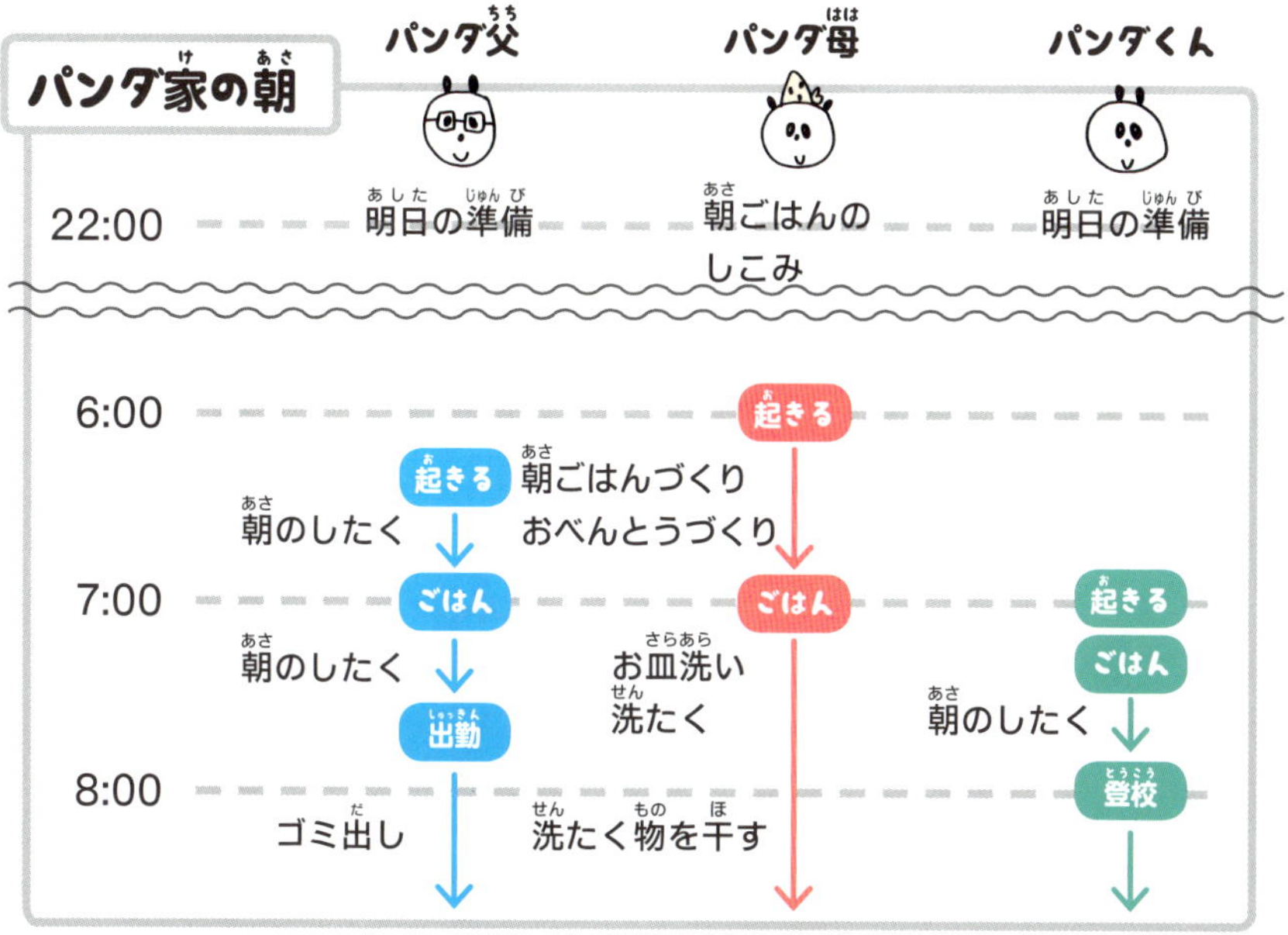

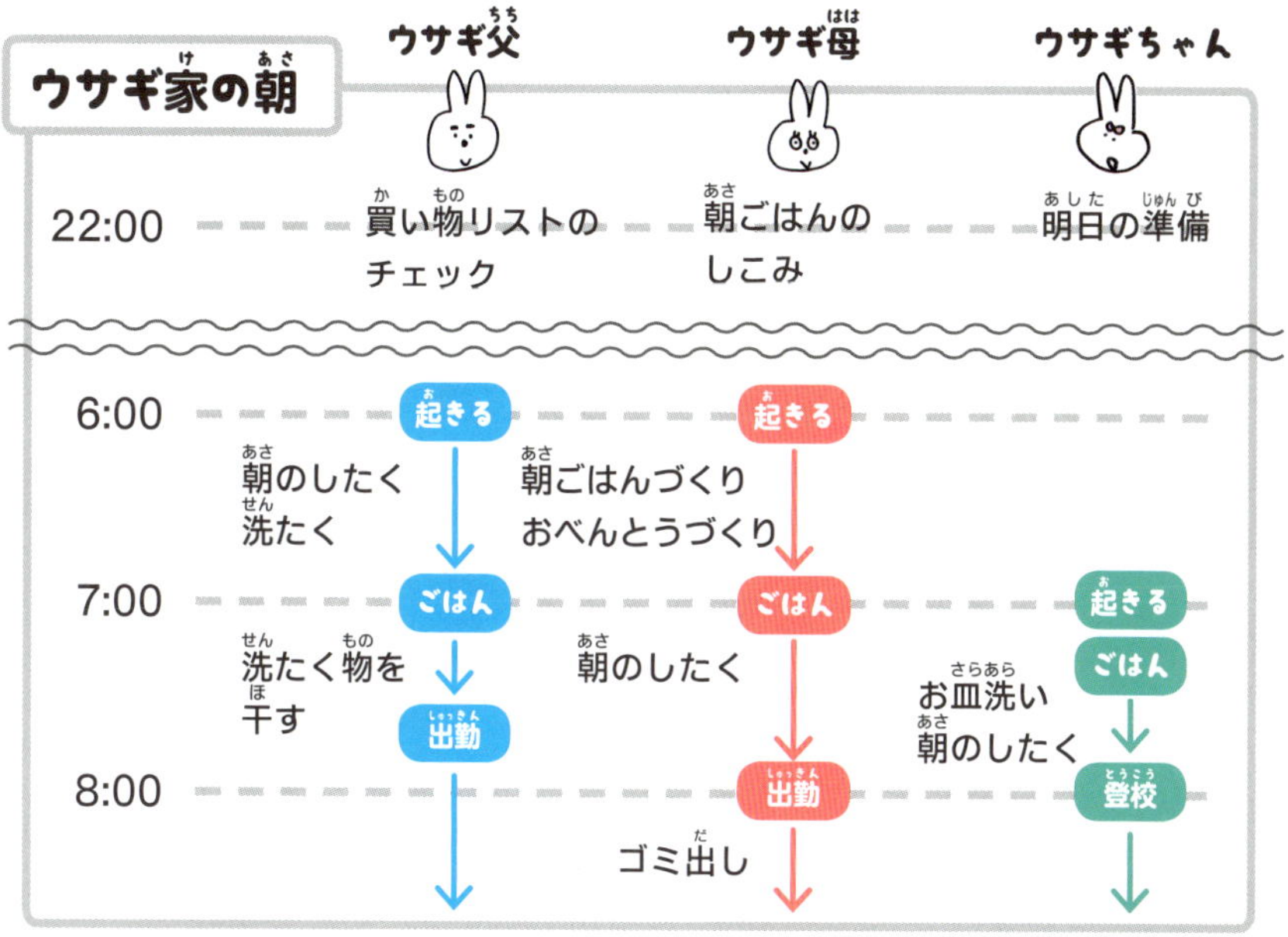

考《かんが》えてみよう 2

仕事《しごと》の世界《せかい》は時間《じかん》に厳《きび》しい！

会社《かいしゃ》の仕事《しごと》だって、時間《じかん》の使《つか》い方《かた》がとっても大事《だいじ》。会議《かいぎ》の時間《じかん》に遅《おく》れたり、しめきりに間《ま》に合《あ》わなかったりしたら、「ぼくなりに努力《どりょく》したんです」なんて、言《い》い訳《わけ》にならない。「この人《ひと》には安心《あんしん》して仕事《しごと》をたのめないな」と思《おも》われたら、もう、仕事《しごと》を任《まか》せてもらえなくなるかもしれないんだ。

そうならないためには、ただ、目《め》の前《まえ》の仕事《しごと》を「がんばる」だけではいけない。しめきりから逆算《ぎゃくさん》して、いつ、どの仕事《しごと》をすれば間《ま》に合《あ》うのか、順番《じゅんばん》を考《かんが》えることが必要《ひつよう》なんだ。通勤中《つうきんちゅう》の電車《でんしゃ》の中《なか》で手帳《てちょう》を開《ひら》いて（今《いま》はスマートフォンなどを使《つか》う人《ひと》も増《ふ》えたね）、その日《ひ》のスケジュールを確認《かくにん》する人《ひと》もいるよ。

ウサギ家《け》の一日《いちにち》

	ウサギ父《ちち》	ウサギ母《はは》	ウサギちゃん
8:00	出社《しゅっしゃ》 朝礼《ちょうれい》		登校《とうこう》 朝《あさ》の会《かい》
9:00	電話《でんわ》・メール 受付《うけつけ》	出社《しゅっしゃ》 電話《でんわ》・メール	1時間目《じかんめ》 2時間目《じかんめ》
10:00	連絡《れんらく》	・資料作成《しりょうさくせい》	3時間目《じかんめ》
11:00	会議《かいぎ》		4時間目《じかんめ》
12:00	昼食《ちゅうしょく》	昼食《ちゅうしょく》	お昼休《ひるやす》み
13:00		会議《かいぎ》	5時間目《じかんめ》 6時間目《じかんめ》
14:00	営業《えいぎょう》	他《ほか》の会社《かいしゃ》と会議《かいぎ》	そうじ
15:00			委員会活動《いいんかいかつどう》
16:00	事務《じむ》	資料作成《しりょうさくせい》 事務《じむ》	帰宅《きたく》
17:00	退社《たいしゃ》 買《か》い物《もの》		習《なら》い事《ごと》
18:00	帰宅《きたく》 夕食《ゆうしょく》づくり	退社《たいしゃ》	帰宅《きたく》 宿題《しゅくだい》
19:00	夕食《ゆうしょく》	帰宅《きたく》	夕食《ゆうしょく》
20:00		夕食《ゆうしょく》	
21:00			
22:00			

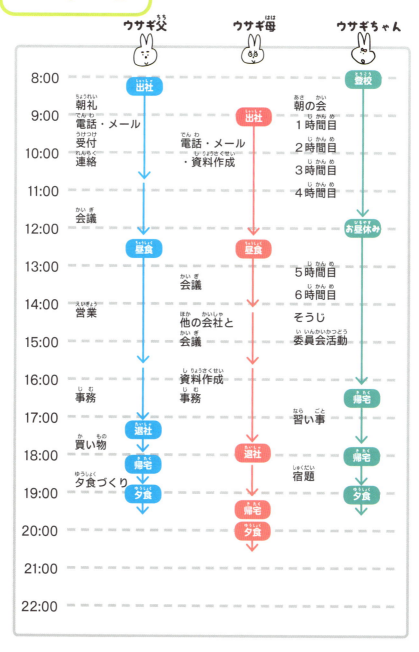

明日《あした》の準備《じゅんび》に何《なに》が必要《ひつよう》？

えんぴつはけずって入《い》れる

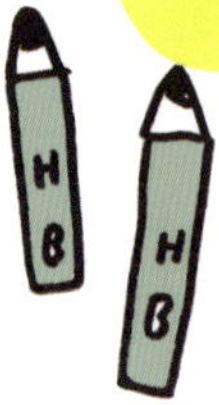

時間割《じかんわり》と連絡帳《れんらくちょう》を確認《かくにん》！

明日《あした》は算数《さんすう》の教科書《きょうかしょ》は使《つか》わない

消《け》しゴムが小《ちい》さくなってきたので、そろそろ買《か》おう

国語《こくご》の教科書《きょうかしょ》とノートがいる

給食《きゅうしょく》ぶくろは洗《せん》たく機《き》に入《い》れ、新《あたら》しいものを入《い》れる

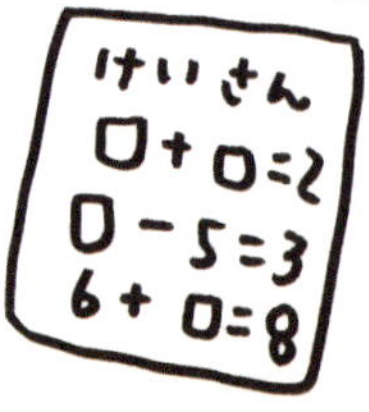

宿題《しゅくだい》をやって、入《い》れる

図工《ずこう》で使《つか》うティッシュの箱《はこ》

次《つぎ》やることを予想《よそう》して、準備《じゅんび》をしてみよう

家事《かじ》も会社《かいしゃ》の仕事《しごと》も、次《つぎ》にやることを予想《よそう》して、その準《じゅん》備《び》を前《まえ》もってやっている。「予想《よそう》する習慣《しゅうかん》」を身《み》につけることが、時間《じかん》の上手《じょうず》な使《つか》い方《かた》の第一歩《だいいっぽ》なんだ。

さて、キミにあてはめてみると……？　「学校《がっこう》に行《い》く準《じゅん》備《び》」について考《かんが》えてみよう。

明日《あす》までに出《だ》す宿題《しゅくだい》はどれ？　時間割通《じかんわりどお》りに教科書《きょうかしょ》とノートをそろえた？　図工《ずこう》の授業《じゅぎょう》で使《つか》うものは？　図書室《としょしつ》で借《か》りていた本《ほん》を返《かえ》す日《ひ》はいつだっけ？　こまかいところまでしっかりと予想《よそう》すると、思《おも》ったよりも、たくさんの準《じゅん》備《び》が必要《ひつよう》だったりするものだ。

明日《あす》の学校《がっこう》の準備《じゅんび》。まずは、これがあたりまえにできるようになることから始《はじ》めてみよう！

こう考《かんが》えてみよう

毎日《まいにち》していることは何《なに》かな？→毎日《まいにち》、同《おな》じ時間《じかん》にすると考《かんが》えよう！

絶対《ぜったい》にやるべきことは何《なに》かな？→できるだけ早《はや》くやるように予定《よてい》しよう！

やり忘《わす》れていることはないかな？→寝《ね》る前《まえ》に、1日《にち》をふり返《かえ》って確認《かくにん》してみよう！

夜《よる》

19:00 --

20:00 --

21:00 --

22:00 --

44-45ページのこたえ

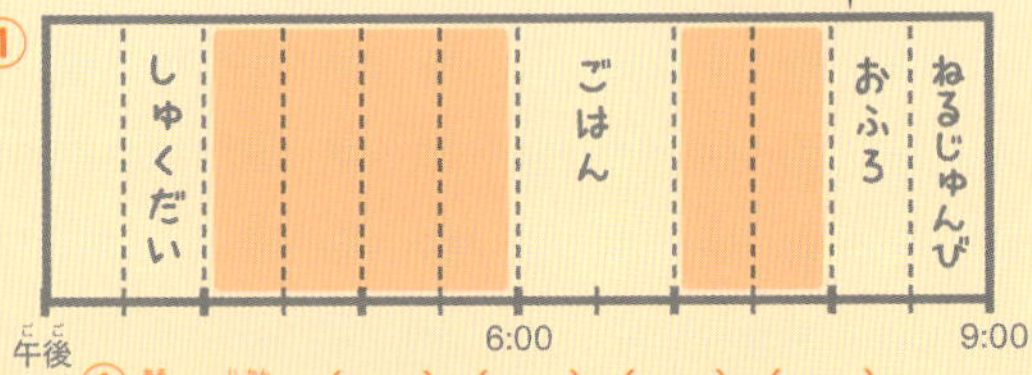

① 遊《あそ》べる時間《じかん》は、（4：00）～（6：00）と（7：00）～（8：00）です。

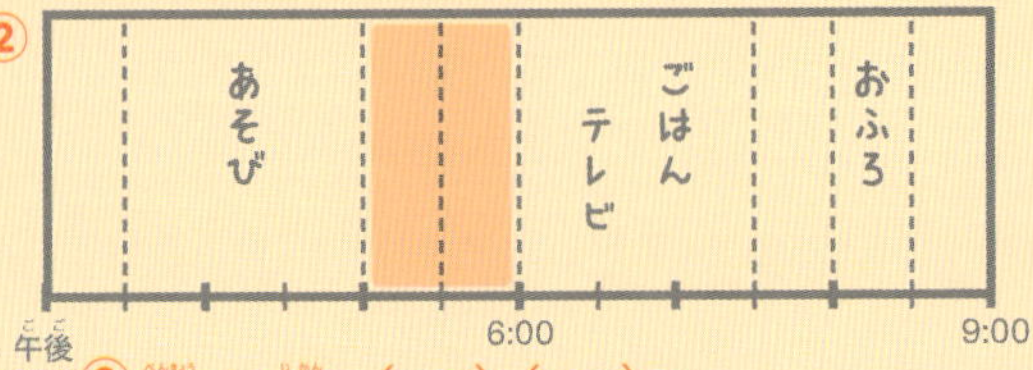

② 勉強《べんきょう》できる時間《じかん》は、（5：00）～（6：00）です。

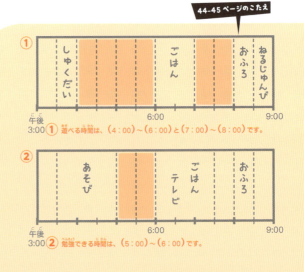

なぞぺ～ 自分《じぶん》の１日《にち》のスケジュールを立《た》ててみよう！

朝《あさ》、夕方《ゆうがた》、夜《よる》のスケジュールを立《た》ててみよう。

朝《あさ》

6:00 --

7:00 --

8:00 --

夕方《ゆうがた》

15:00 --

16:00 --

17:00 --

18:00 --

STEP 6

めんどうな「準備《じゅんび》」を短《みじか》い時間《じかん》で終《お》わらせるには？

どうして準備《じゅんび》が必要《ひつよう》なんだろう？

ステップ5からもう一歩《いっぽ》ふみこんで考《かんが》えよう。時間《じかん》をかけて準備《じゅんび》が必要《ひつよう》なのは、忘《わす》れ物《もの》をして先生《せんせい》にしかられないため？　おとなになったとき、上司《じょうし》におこられないため？

忘《わす》れ物《もの》をすると、キミは学校《がっこう》の休《やす》み時間《じかん》に、友《とも》だちにえんぴつを借《か》りたり、宿題《しゅくだい》をやりなおしたりなど、ムダな時間《じかん》を使《つか》うことになる。さらに、たとえば調理実習《ちょうりじっしゅう》でキミが担当《たんとう》していたニンジンを忘《わす》れたら、同《おな》じ班《はん》の全員《ぜんいん》が困《こま》ってしまう。「忘《わす》れ物《もの》をすることで、自分《じぶん》もみんなも、ムダな時間《じかん》を使《つか》ったり、困《こま》ったりしないようにするため」というのが、「学校《がっこう》に行《い》く準備《じゅんび》」をするほんとうの理由《りゆう》なんだ。

おとなの仕事《しごと》がしめきりに厳《きび》しいのは、学校《がっこう》よりももっと多《おお》くの人《ひと》が、いっしょに仕事《しごと》をしているからなんだね。

準備《じゅんび》が簡単《かんたん》にできるコツは……

考《かんが》えてみよう

そうは言《い》っても、準備《じゅんび》ってちょっとめんどう。なるべく早《はや》く簡単《かんたん》に、準備《じゅんび》ができるコツってなんだろう？

「スイミングスクールに行《い》く準備《じゅんび》」を考《かんが》えよう。ゴールは、必要《ひつよう》な物《もの》をバッグに入《い》れること。必要《ひつよう》な作業《さぎょう》は、タオル、水着《みずぎ》、水泳《すいえい》キャップ、水中《すいちゅう》ゴーグルの用意《ようい》だ。

「そんなの5分《ふん》でできるよ！」って思《おも》うかな？　直前《ちょくぜん》に用意《ようい》しようとして、「水着《みずぎ》を洗《あら》い忘《わす》れていた！」と気《き》がついたら……？　今《いま》から洗《せん》たくするのはたいへんだ。

水泳《すいえい》から帰《かえ》ってきたら、すぐに水着《みずぎ》やタオルを洗《せん》たく機《き》に入《い》れる。洗《せん》たくが終《お》わって、水着《みずぎ》やタオルがかわいたら、すぐにバッグに入《い》れる。これなら合計《ごうけい》5分《ふん》でできるね。

そう、次《つぎ》に使《つか》うことを想定《そうてい》して「後《あと》かたづけ」をすることが、準備《じゅんび》を簡単《かんたん》にするコツだ。

逆算《ぎゃくさん》して考《かんが》えてみよう

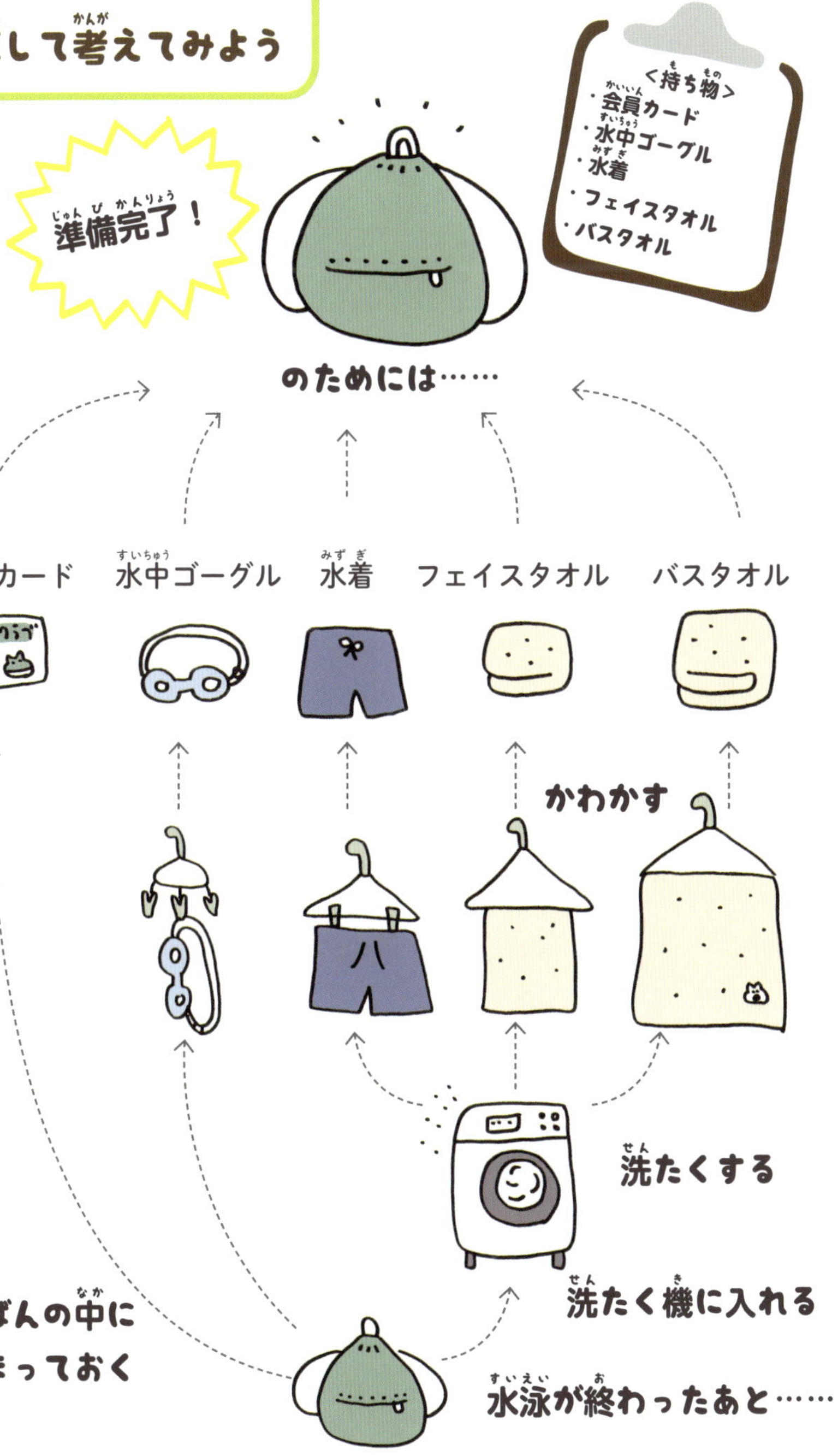

「探《さが》し物《もの》」という時間《じかん》のムダをなくそう

「水着《みずぎ》を洗《あら》わないで置《お》きっぱなしなんてありえない」って笑《わら》ったかな？　でも、ここまでおかしな話《はなし》じゃなくても、明日《あす》の準備《じゅんび》をしようとして、「国語《こくご》の教科書《きょうかしょ》が見《み》つからない」「お母《かあ》さん、タオルどこだっけ？」と探《さが》しまわった経験《けいけん》なら、みんな、あるんじゃないかな。

ある調査《ちょうさ》では、一般的《いっぱんてき》に、人《ひと》は1日《にち》10分《ぷん》くらい、探《さが》し物《もの》に時間《じかん》をかけているそう。10分《ぷん》なんて、たいした時間《じかん》じゃないって？　毎日《まいにち》10分《ぷん》、1ヵ月《げつ》でおよそ300分《ぷん》、1年《ねん》で3600分《ぷん》。1年《ねん》で60時間《じかん》（2日半《ふつかはん》）も、探《さが》し物《もの》に時間《じかん》をかけているね。この時間《じかん》にできることって、いっぱいあるよ。

時間《じかん》を上手《じょうず》に使《つか》える人《ひと》は、整理整《せいりせい》とんを上手《じょうず》にできる人《ひと》でもあるんだね。

1年《ねん》で探《さが》し物《もの》にかける時間《じかん》は……？

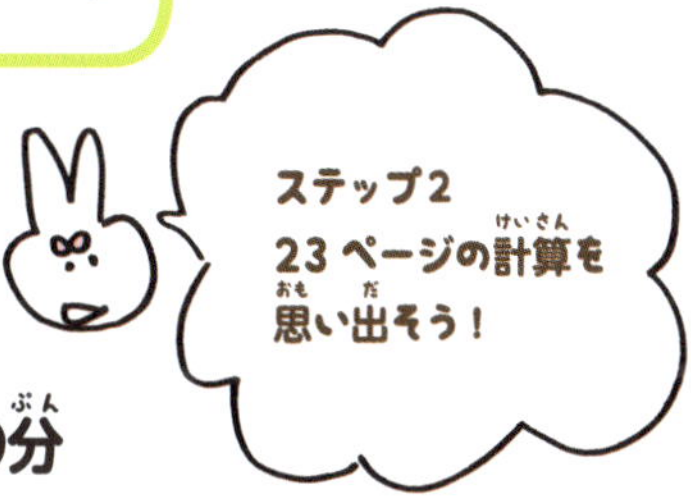

1日《にち》で　10分《ぷん》

1ヵ月《げつ》で　10分《ぷん》×30日《にち》＝300分《ぷん》

1年《ねん》で　300分《ぷん》×12ヵ月《げつ》＝ 3600分《ぷん》

3600分《ぷん》＝60時間《じかん》＝ 2日《か》と12時間《じかん》
（2日《か》半《はん》）

探《さが》し物《もの》の時間《じかん》を短《みじか》くするには

物《もの》を置《お》く場所《ばしょ》を
決《き》めておく

宿題《しゅくだい》が終《お》わったら
つくえの上《うえ》に物《もの》を
残《のこ》さない

「つかれた〜」と
休《やす》む前《まえ》にかたづける

次《つぎ》の何《なに》もない道《みち》に、何《なに》かをする時《とき》に必要《ひつよう》な物《もの》を２つ描《か》いて、自分《じぶん》で迷路《めいろ》をつくってみよう！

④勉強《べんきょう》の時《とき》　⑤　　　　の時《とき》

こう考《かんが》えてみよう

まず、勉強《べんきょう》する時《とき》に使《つか》う物《もの》２つの絵《え》を、迷路《めいろ》の中《なか》の好《す》きな場所《ばしょ》に描《か》いてみよう。

なぞぺ～

必要《ひつよう》な物《もの》を拾《ひろ》う迷路《めいろ》 その2

次《つぎ》の①～③の時《とき》に必要《ひつよう》な物《もの》だけを拾《ひろ》って、いちばん近《ちか》い道《みち》を通《とお》ってゴールしよう！　それぞれどんなルートになるかな？

①おやつ　②遊《あそ》び　③勉強《べんきょう》

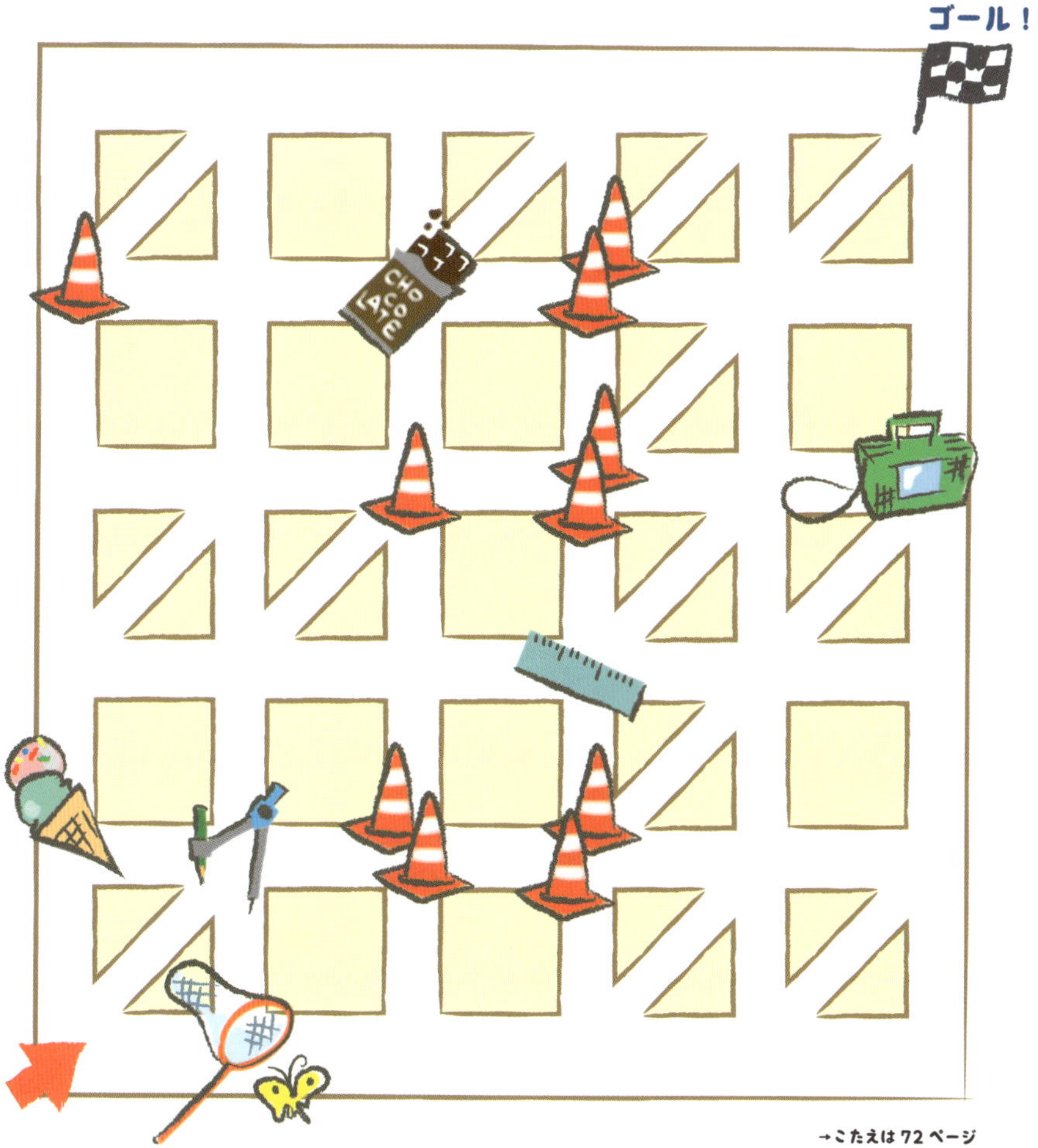

→こたえは72ページ

STEP 7

ついつい他《ほか》のことが気《き》になっちゃうキミ！

身《み》の周《まわ》りには誘惑《ゆうわく》がいっぱい！

「よし！ 明日《あした》の準備《じゅんび》を始《はじ》めよう！」と決心《けっしん》しても、なぜか準備《じゅんび》をしている最中《さいちゅう》に、他《ほか》のことが気《き》になり始《はじ》めちゃう。そんなことってないかな？

「あれ？ この本探《ほんさが》していたんだ！」……ちょっとだけ読《よ》むつもりが、気《き》がついたら20分《ぷん》も経《た》っちゃった。「ダメダメ。明日《あした》の準備《じゅんび》、明日《あした》の準備《じゅんび》……あれ？ これは……」……なんてことをくり返《かえ》してしまって、本来《ほんらい》は5分《ふん》くらいで終《お》わることが30分《ぷん》、1時間《じかん》かかってしまう。そんな時間《じかん》のムダ使《づか》いをしている人《ひと》は、すごく多《おお》い。

子《こ》どもだけの話《はなし》じゃない。はずかしいけれど、ぼくもそうなりがちだ。ぼくらの周《まわ》りには、楽《たの》しい「誘惑《ゆうわく》」がいっぱいあるからね。「誘惑《ゆうわく》に負《ま》けない強《つよ》い心《こころ》をもちなさい！」と言《い》われて、すぐにもてるなら、苦労《くろう》はしないよね。

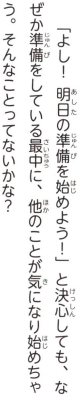

考《かんが》えてみよう 1

「やる気《き》を出《だ》す準備《じゅんび》」が始《はじ》められない原因《げんいん》！

やるべきことを後回《あとまわ》しにしてしまう人《ひと》は、「これからやることはすごくめんどうなことだ」と思《おも》いこんでしまっている。だから、「やらなきゃいけない」という「すごく強《つよ》いやる気《き》」が出《で》るまで、始《はじ》められない。そして、その「やる気《き》を出《だ》す準備《じゅんび》」ばかりに時間《じかん》を取《と》られて、結局《けっきょく》、寝《ね》る時《じ》間《かん》になっても始《はじ》められず、あわててしまうんだ。

これからめんどうなことを始《はじ》めなきゃいけないから、今《いま》は少《すこ》しだけテレビを観《み》ておこうとか、ゲームを30分《ぷん》だけやってから始《はじ》めようとか、「これをやった後《あと》に始《はじ》めよう！」という「やる気《き》を出《だ》す準備《じゅんび》」をやり出《だ》してしまうことってないかい？　でもこれは、楽《たの》しいことをしているだけで、「やるべきこと」はまったく進《すす》んでいないよね。

宿題《しゅくだい》をやらなきゃ

明日《あした》の準備《じゅんび》をしよう

宿題《しゅくだい》、すごくめんどうだった
気《き》がする……

計算《けいさん》ドリル、苦手《にがて》だなあ……

元気《げんき》マンタンのときでも
苦手《にがて》なのに、
つかれた状態《じょうたい》でやるのかあ

明日《あした》の準備《じゅんび》すら
できないくらい、
つかれている気《き》がする……

ものすごくやる気《き》を
出《だ》さないと
できない……

やらないとおこられる……

これ以上《いじょう》
考《かんが》えるのはやめて、
先《さき》にマンガを
読《よ》もう！

考《かんが》えてみよう 2

その作業《さぎょう》、何分《なんぷん》かかるだろう？

「本当《ほんとう》は、今日《きょう》やるべきことは、そんなに時間《じかん》もかからないし、めんどうなことではない」とわかっていたら、先《さき》に終《お》わらせたほうがおトクだって思《おも》えるんじゃないだろうか。やるべきことを先《さき》に終《お》わらせて、後《あと》からゆっくり遊《あそ》ぶという習慣《しゅうかん》をつけるほうが、やるべきことをやる時間《じかん》も、遊《あそ》ぶ時間《じかん》も、たっぷり取《と》れるでしょう？

今《いま》、やるべきことにかかる時間《じかん》を計算《けいさん》してみよう。明日《あした》の準備《じゅんび》は5分《ふん》。今日《きょう》の宿題《しゅくだい》は30分《ぷん》。ステップ6で書《か》いたように、「やるための準備《じゅんび》」を整《ととの》えておけば、探《さが》し物《もの》の時間《じかん》がいらなくなるし、やる気《き》がわきやすくなるよね。準備《じゅんび》のときに、「誘惑《ゆうわく》」になりがちなマンガやゲームを、勉強《べんきょう》づくえから遠《とお》ざけておくのも効果的《こうかてき》だ。おうちの人《ひと》がいるリビングでやるのもいいね。

時間《じかん》がわかればこわくない！

何分《なんぷん》かかるかわからない状態《じょうたい》

すっごくたいへんそう……

宿題《しゅくだい》　30分《ぷん》

明日《あした》の準備《じゅんび》　5分《ふん》

あれ、すぐに終《お》わるかも！

誘惑《ゆうわく》を遠《とお》ざけよう

宿題《しゅくだい》に集中《しゅうちゅう》できる！

かたづけしなきゃ……

マンガ読《よ》みたい……

きれいな部屋《へや》

散《ち》らかった部屋《へや》

声《こえ》に出《だ》して言《い》ってみよう！

心《こころ》では思《おも》っていなくても、明《あか》るい言葉《ことば》を声《こえ》に出《だ》してみよう！

すると、だんだん心《こころ》も明《あか》るくなってくる……!?

「おもしろい」と声《こえ》に出《だ》してみよう！

もう一《ひと》つ。人《ひと》は「やらされること」に対《たい》して、強《つよ》い抵抗《ていこう》感《かん》を覚《おぼ》えるんだ。「やりなさい」って言《い》われると、やろうと思《おも》っていたことも、急《きゅう》にやりたくなくなってしまう。

時間《じかん》の使《つか》い方《かた》が上手《じょうず》な人《ひと》は、「やらされる」という感覚《かんかく》がうすいことが多《おお》い。学校《がっこう》の先生《せんせい》からの宿題《しゅくだい》や家族《かぞく》のお手《て》伝《つだ》い、どんなことでも「自分《じぶん》が成長《せいちょう》できる」とか「それもおもしろいね！」なんて前向《まえむ》きに考《かんが》えられる人《ひと》は、遊《あそ》びと同《おな》じように、やるべきことも楽《たの》しめちゃうんだ。

どうしたらそんな人《ひと》になれる？　そのコツは言葉《ことば》を変《か》えちゃうことなんだ。「めんどうくさい」「やりたくない」と思《おも》うときほど、「それ、おもしろそう！」と声《こえ》に出《だ》す習《しゅう》慣《かん》を身《み》につけるといい。心《こころ》の中《なか》の言葉《ことば》を自分《じぶん》の声《こえ》でかき消《け》すと、不思議《ふしぎ》と行動《こうどう》が早《はや》くなるんだよ！

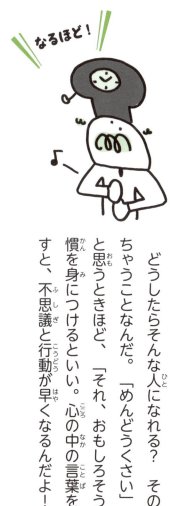

学校《がっこう》の宿題《しゅくだい》
15分《ふん》

テレビ
12分《ふん》

花《はな》の水《みず》やり
6分《ぷん》

おふろそうじ
10分《ぷん》

漢字《かんじ》の練習《れんしゅう》
14分《ふん》

時間割《じかんわり》の確認《かくにん》
2分《ふん》

ごはん
20分《ぷん》

日記《にっき》を書《か》く
8分《ぷん》

読書《どくしょ》
13分《ぷん》

＝ 60分《ぷん》

→こたえは 80 ページ

63 ページのこたえ

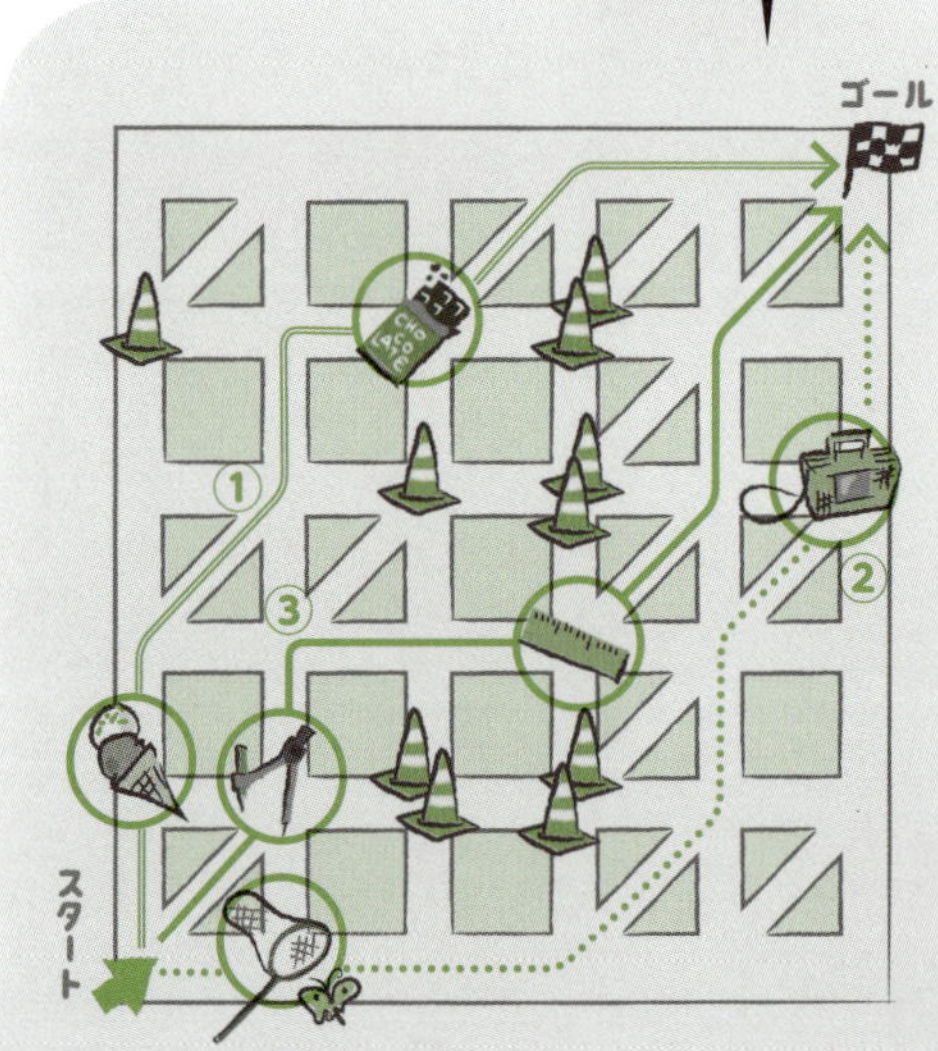

なぞぺ～ ぴったりな時間《じかん》を選《えら》ぼう！

ぴったりの時間《じかん》でやり終《お》えるためには、何《なに》と何《なに》ができるだろう？

右《みぎ》のカードから、□にあてはまるものを選《えら》ぼう。

□ ＋ □ ＝ 10 分《ぷん》

□ ＋ □ ＋ □ ＝ 30 分《ぷん》

□ ＋ □ ＋ □ ＋ □

STEP 8

「自分《じぶん》の時間《じかん》」ってどうやってつくればいいの？

やることは全部《ぜんぶ》終《お》わった！ と思《おも》ったのに…

やることを終《お》わらせて、「やった〜！ この後《あと》は全部《ぜんぶ》自《じ》分《ぶん》の時間《じかん》だぞ！」と喜《よろこ》んでいるところに……

「時間《じかん》があるなら、こっちのドリルも進《すす》めなさい！」

「他《ほか》にもやることがあるんじゃないか？」

なんて言《い》われてしまったこと、あるんじゃない？

「これじゃ、いつまで経《た》っても、自分《じぶん》の時間《じかん》なんてつくれやしない！」と思《おも》っているキミ。本当《ほんとう》にその通《とお》りだ。

小学生《しょうがくせい》でも、いくつもの習《なら》い事《ごと》をしていて、毎日《まいにち》いそがしい人《ひと》も多《おお》い。他《ほか》にも、宿題《しゅくだい》があったり、習《なら》い事《ごと》の練習《れんしゅう》をしたりと、キミたち子《こ》どもも、自由《じゆう》な時間《じかん》はなかなか取《と》りにくいかもしれないね。

どうして、おうちの人《ひと》はキミに、次《つぎ》から次《つぎ》へと、何《なに》かをやらせようとしたがるんだろう？

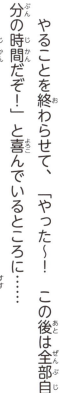

お父《とう》さん・お母《かあ》さんの願《ねが》い

時間《じかん》が上手《じょうず》に使《つか》えると、勉強面《べんきょうめん》でも有利《ゆうり》だし、たくさん遊《あそ》べる。簡単《かんたん》なことだと思《おも》うんだけどな……

毎日《まいにち》、「やりなさい」と言《い》わないとやらないのは、わたし（お母《かあ》さん）の心《こころ》にもよくないわ。できれば、言《い》わなくてすむようになってほしいわね。

お母《かあ》さんは、毎日《まいにち》、毎日《まいにち》、同《おな》じことを子《こ》どもに言《い》っている気《き》がするな。このやりとりがなくなるといいのに。

これだけの時間《じかん》があったら、宿題《しゅくだい》もできるし、読書《どくしょ》もできるし、ドリルもできるし、お友《とも》だちとも遊《あそ》べるはず。全部《ぜんぶ》やるために、パッパッと動《うご》いてしまえばいいのに。

ほんとうに「意味《いみ》のある時間《じかん》」

お父《とう》さん、お母《かあ》さんたちおとなは、「時間《じかん》に限《かぎ》りがある」ということをよく知《し》っている。だから、キミたちには、限《かぎ》りある時間《じかん》の中《なか》で、一《ひと》つでも多《おお》くのことを学《まな》んでほしいと思《おも》っているんだ。それで、ダラダラしているように見《み》えると、急《いそ》がせてしまいたくなるんだね。

でも、何《なん》でもかんでも言《い》われたことを、何《なに》も考《かんが》えずにやり続《つづ》けることが、良《よ》い時間《じかん》になるだろうか？　言《い》われたことをやることが習慣《しゅうかん》になって、だれかに指示《しじ》をされなければ何《なに》もできない人《ひと》になりたいわけではないよね。自分《じぶん》でつくった貴重《きちょう》な時間《じかん》をどう使《つか》うかを「自分《じぶん》で考《かんが》えること」にこそ、自由《じゆう》な時間《じかん》のほんとうの価値《かち》があるんだ。

さて、自分《じぶん》の時間《じかん》をキミは何《なに》に使《つか》う？　自分《じぶん》の心《こころ》に正直《しょうじき》に、キミのやりたいことを書《か》き出《だ》してみよう。

ぼくの・わたしのやりたいことって何《なん》だろう？

わたし、何《なに》がしたいのかなあ……

あらためて考《かんが》えると、なかなか思《おも》いつかないな……

うーん……

そういえば、将来《しょうらい》の夢《ゆめ》ってちゃんと考《かんが》えたこと、ないなあ

どんな仕事《しごと》があるのかな？

図書館《としょかん》に、調《しら》べに行《い》ってみよう！

ゲームしたい！

サッカーしたい！

野球《やきゅう》したい！

お絵描《えか》きもしたい！

……今《いま》、いちばんしたいことって何《なん》だろう？

秋《あき》のスポーツ大会《たいかい》の練習《れんしゅう》をしたら、人気者《にんきもの》になれるかも！

写生大会《しゃせいたいかい》ももうすぐだなあ

明日《あした》、晴《は》れたらサッカー、雨《あめ》だったら絵《え》を描《か》こう！

「やりたいこと」を考《かんが》えてみよう！

……どうだろう、自分《じぶん》のやりたいことを書《か》けたかな？

もしかしたら、あまり書《か》けない子《こ》もいるんじゃないかな？

じつは、「自分《じぶん》がほんとうにやりたいこと」って、自分《じぶん》と向《む》き合《あ》う時間《じかん》を取《と》っていないと、なかなかうかばないものなんだ。だから、まだ子《こ》どものキミは、せっかく時間《じかん》ができても、何《なに》もしないまま、ぼんやり過《す》ごしてしまうかもしれない。これも、おとなが子《こ》どもに、やることをつくってあげようとしてしまう原因《げんいん》の一《ひと》つなのかもしれないね。

でも、心配《しんぱい》しないで。さっき書《か》いた通《とお》り、「考《かんが》えること」が大事《だいじ》なんだ。今《いま》、やりたいことを考《かんが》えている時間《じかん》こそ、「自分《じぶん》の時間《じかん》を使《つか》っている」って言《い》えるんじゃない？

キミが自由《じゆう》な時間《じかん》を、自分《じぶん》の成長《せいちょう》のために存分《ぞんぶん》に使《つか》えるようになることを願《ねが》っているよ。

② ほんとうはわかってる……

今《いま》、やるべきことベスト３を書《か》いてみよう！

1

2

3

72-73ページのこたえ

日記《にっき》を書《か》く 8分《ぷん》 ＋ 時間割《じかんわり》の確認《かくにん》 2分《ふん》 ＝ 10分《ぷん》

漢字《かんじ》の練習《れんしゅう》 14分《ふん》 ＋ おふろそうじ 10分《ぷん》 ＋ 花《はな》の水《みず》やり 6分《ぷん》 ＝ 30分《ぷん》

ごはん 20分《ぷん》 ＋ 学校《がっこう》の宿題《しゅくだい》 15分《ふん》 ＋ 読書《どくしょ》 13分《ぷん》 ＋ テレビ 12分《ふん》 ＝ 60分《ぷん》

なぞぺ〜 やることランキング!!

①思《おも》いつくかな？　今《いま》、やりたいことベスト３を書《か》いてみよう！

1

2

3

STEP 9

ずるずるダラダラ……ほんとうにいけないことなの？

いつだって テキパキできるわけ じゃないよね

自由《じゆう》な時間《じかん》の使《つか》い方《かた》について、さらに考《かんが》えてみよう。とくにすぐにやることがない時間《じかん》に、先々《さきざき》のやるべきことをすませてしまえば、時間《じかん》をとても効率的《こうりつてき》に使《つか》えるようになるよね。……そう、頭《あたま》ではわかっているんだけど、今《いま》どうしてもやらなければいけないことじゃないと、なかなか動《うご》き始《はじ》められないものだ。

でも、これって悪《わる》いことなのかな？ どんな時《とき》でも、人《ひと》は絶対《ぜったい》にダラダラしちゃいけないのかな？

ぼくはそうは思《おも》わない。むしろ、しっかりと集中《しゅうちゅう》してやるべきことを終《お》わらせた時《とき》や、本当《ほんとう》にやることがない時《とき》に、体《からだ》も心《こころ》もリラックスさせて、のんびりダラダラすることは、がんばらなければいけない時《とき》の力《ちから》をたくわえる、大切《たいせつ》な時《じ》間《かん》だと思《おも》うんだ。

「つかれ」は心《こころ》と体《からだ》の注意《ちゅうい》サイン！

休《やす》まずに何時間《なんじかん》も
野球《やきゅう》のすぶりの
練習《れんしゅう》をしている

休《やす》まずにずっと
漢字《かんじ》ドリルを
やり続《つづ》けている

友《とも》だち関係《かんけい》や
将来《しょうらい》のことでずっと
なやんでいる

がんばりすぎてしまうと……

うでが痛《いた》く
なってきた……
のども痛《いた》い……

目《め》が痛《いた》い……
頭《あたま》が痛《いた》い……

食欲《しょくよく》がわかない
……夜《よる》もよく
ねむれない……

つかれがたまって……

これ以上《いじょう》できない……！
やる気《き》が出《で》ない……！

考《かんが》えてみよう 1

「何《なに》もしない」のも重要《じゅうよう》な時間《じかん》！

心《こころ》も体《からだ》もいちばんリラックスできる場所《ばしょ》ってどこかな？「自分《じぶん》の家《いえ》！」という人《ひと》が多《おお》いかな。

子《こ》どものうちは学校《がっこう》や習《なら》い事《ごと》の教室《きょうしつ》で、おとなになったら職場《しょくば》で、みんな、一生懸命《いっしょうけんめい》学《まな》んだり、働《はたら》いたりするよね。がんばってへとへとになって、家《いえ》に帰《かえ》ったあとも、ずっと気《き》を張《は》り続《つづ》けて、「次《つぎ》はこれをやって、それが終《お》わったらこれをかたづけて……」なんてことばかりを考《かんが》えていたら、つかれてしまうよ。

じつは、「つかれ」も時間《じかん》の効率《こうりつ》を悪《わる》くする原因《げんいん》の一《ひと》つなんだ。ごはんを食《た》べたり眠《ねむ》ったりして体《からだ》を休《やす》める。好《す》きな事《こと》をしたり、ぼーっとしたりして心《こころ》を休《やす》める。こういうリラックスした時間《じかん》があるからこそ、必要《ひつよう》なときに一生懸《いっしょうけん》命《めい》になれるんだよ。

考《かんが》えてみよう 2

お父《とう》さん、お母《かあ》さんはスイッチオフできてる？

とはいえ、実際《じっさい》に家《いえ》でくつろいでいると、おうちの人《ひと》に「さっさと○○しなさい！」と言《い》われてしまいがち。「もう、うるさいなあ」と思《おも》う気持《きも》ちもよくわかるんだけど、少《すこ》しだけ、お父《とう》さんやお母《かあ》さんの気持《きも》ちを考《かんが》えてみよう。

ステップ5で説明《せつめい》したけど、料理《りょうり》や洗《せん》たく、そうじなどの家事《かじ》って、心《こころ》も体《からだ》もスイッチオンの状態《じょうたい》じゃないとできないんだ。だから、おとなが家事《かじ》を一生懸命《いっしょうけんめい》やっているときに、キミだけがスイッチオフしてダラダラしていると、ちょっとイラッとしてしまいがちなんだ。たとえば、学校《がっこう》でキミが一生懸命《いっしょうけんめい》考《かんが》えたことを発表《はっぴょう》しているのに、先生《せんせい》や友達《ともだち》がダラダラしていたり、話《はなし》を聞《き》いていなかったりしたら、イヤな気持《きも》ちになるでしょう？

家事《かじ》は心《こころ》も体《からだ》もスイッチオンしている！

そうじ機《き》をかけながら……

もうすぐひな祭《まつ》りだから
ひな人形《にんぎょう》をかざろう

明日《あした》は晴《は》れだから
布団《ふとん》を干《ほ》そう

そうじ機《き》のフィルターを
変《か》えなきゃ

明日《あした》の仕事《しごと》の
準備《じゅんび》をしないと……

バターとケチャップが
少《すく》なくなってきたなあ

卵《たまご》4個《こ》を使《つか》い切《き》りたいから、
朝《あさ》はスクランブルエッグにしよう。
サラダに使《つか》うものは……

夕食《ゆうしょく》をつくりながら……

明日《あした》は仕事《しごと》の帰《かえ》りが遅《おそ》く
なるから、今夜《こんや》のうちに
おかずをつくっておこう

家族《かぞく》ひとりひとりの時間《じかん》を大切《たいせつ》にしよう

「それでも、わたしがつかれているのは変《か》わらない！」

「家事《かじ》は、お母《かあ》さんの仕事《しごと》なのに！」って思《おも》うかな。

たしかに、キミも大変《たいへん》だよね。でも、家事《かじ》って、キミの家族全員《かぞくぜんいん》のためにやってくれていることだ。

家族《かぞく》のためにがんばってくれている人《ひと》がいることを忘《わす》れずに、家族《かぞく》の一員《いちいん》として、できることは手伝《てつだ》えたら、家族《かぞく》みんなの時間《じかん》にちょっとずつ余裕《よゆう》ができるかもしれない。

家族《かぞく》の全員《ぜんいん》が、心《こころ》も体《からだ》も休《やす》めることができれば、家《いえ》の中《なか》はみんなが心地《ここち》よくくつろげる場所《ばしょ》になるし、キミが休《やす》みたいという気持《きも》ちも、わかってもらえるんじゃないかな。

キミはお父《とう》さん、お母《かあ》さんの気持《きも》ちを、お父《とう》さん、お母《かあ》さんにはキミの気持《きも》ちを、ほんの少《すこ》しずつでいいから、理《り》解《かい》しあえるようにしてみよう。

家族《かぞく》それぞれの希望《きぼう》を話《はな》し合《あ》ってみよう

ゴミをきちんと分別《ぶんべつ》してくれたら、ゴミ捨《す》てが簡単《かんたん》になる！
ピアノのレッスンがある日《ひ》は、宿題《しゅくだい》以《い》外《がい》の勉強《べんきょう》はお休《やす》みにしたい！
たまにはひとりでショッピングに行《い》きたい！
水曜日《すいようび》は観《み》たいテレビ番組《ばんぐみ》がある！
日曜日《にちようび》の朝《あさ》はゆっくり寝《ね》かせてほしい！
夕食《ゆうしょく》がいらないときは、18時《じ》までに連絡《れんらく》してほしい！

なぞぺ〜

ぼくのわたしの話《はなし》を聞《き》いて！ 子《こ》どもの主張《しゅちょう》〜！

お父《とう》さん・お母《かあ》さんにしかられるかもしれないけど、ぼく・わたしにとっては大切《たいせつ》なことってあるよね？　このページで、キミたちの自由《じゆう》な想《おも》いを書《か》いて、発表《はっぴょう》しよう！

STEP

10

ムダなようで
ムダじゃない
時《じ》間《かん》！

その時間《じかん》に「後悔《こうかい》」はあるか？

「時間《じかん》をムダに使《つか》う」って、結局《けっきょく》、どういうことなんだろう。ステップ9で伝《つた》えたけど、ダラダラしている時間《じかん》だって、ときには必要《ひつよう》でしょう？　そう考《かんが》えると、ムダな時間《じかん》なんて、ないんだろうか。

ぼくは、ムダな時間《じかん》か、ムダな時間《じかん》じゃないかは、後《あと》で「後悔《こうかい》」が芽生《めば》えるかどうかだと思《おも》うんだ。

「あ〜、あの時《とき》やっておけば良《よ》かったな〜」なんて思《おも》うことは、みんな経験《けいけん》があるものだろう。最初《さいしょ》の後悔《こうかい》は、だれしもが通《とお》る「学《まな》び」。

ただし、その後悔《こうかい》を忘《わす》れて、同《おな》じあやまちを何度《なんど》もくり返《かえ》してしまったならば、それは時間《じかん》をムダに使《つか》っているように思《おも》わないかい？

あとになってわかる価値《かち》もある

考《かんが》えてみよう

ただし、時間《じかん》の価値《かち》は、すぐにわかるとは限《かぎ》らない。その時《とき》は「ずいぶん時間《じかん》をムダに使《つか》ってしまったなあ」と感《かん》じていても、後々《のちのち》、「あの時《とき》しっかりと立《た》ち止《ど》まって、十《じゅう》分《ぶん》に時間《じかん》をかけたから今《いま》があるんだ」と思《おも》えたら、その時《じ》間《かん》はムダな時間《じかん》ではないと言《い》える。

この本《ほん》を読《よ》んでいるキミは何歳《なんさい》だろう？　小学校高学年《しょうがっこうこうがくねん》くらいになると、今《いま》までは考《かんが》えてもみなかった、「自分《じぶん》はほんとうはどう思《おも》っているのか」というなやみが出《で》てくる。

この、「自分《じぶん》の内側《うちがわ》と向《む》き合《あ》う時間《じかん》」は、どんなに時間《じかん》をかけてもムダではない。周《まわ》りの人《ひと》から見《み》れば「何《なに》もしてないな～」と思《おも》うかもしれないけど、それはちがう。

とくに、ちょっと心《こころ》に痛《いた》みを感《かん》じる経験《けいけん》の後《あと》に、自分《じぶん》と向《む》き合《あ》う時間《じかん》は、きっとキミを成長《せいちょう》させてくれるよ。

ぼくも昔《むかし》、たくさんそんな時間《じかん》があった。はずかしいけど、一《ひと》つ、ぼくの昔話《むかしばなし》をしよう。

小学校《しょうがっこう》6年生《ねんせい》のころ、ぼくには大好《だいす》きだった女《おんな》の子《こ》がいたんだ。でも、その女《おんな》の子《こ》が好《す》きな男《おとこ》の子《こ》は、ぼくの親友《しんゆう》だった。表向《おもてむ》きはなかよくしながらも、ずっとモヤモヤが続《つづ》いていたんだ。

自分《じぶん》が心《こころ》の底《そこ》で親友《しんゆう》をうらんでいることに気《き》がついてとまどったり、なんで自分《じぶん》を好《す》きになってくれないんだろうって考《かんが》えたり……。当時《とうじ》のぼくにとっては、永遠《えいえん》に解決《かいけつ》しない問題《もんだい》に思《おも》えた。

でもそのうちに、「人《ひと》が人《ひと》を好《す》きになるって何《なん》だろう」とか、「友《とも》だちって何《なん》だろう」とか、「生《い》きるって何《なん》だろう」って、自分《じぶん》なりに考《かんが》えるきっかけになったんだ。

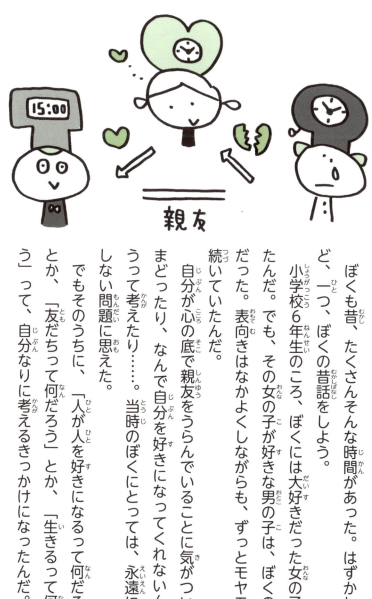

あの時間《じかん》があったから、今《いま》がある！

「あれ？ これ、おかしくない？」と感《かん》じることは、日《にち》常生活《じょうせいかつ》でいっぱいある。この時《とき》に、「何《なん》で気《き》になったのか」を、「まぁ、いいや」と流《なが》さずに、深《ふか》く考《かんが》えることは、今《いま》のぼくにとって、とても大事《だいじ》な時間《じかん》なんだ。そうやって立《た》ち止《ど》まったところには、必《かなら》ず、まだ自分《じぶん》が知《し》らないおもしろいことがあるからね。こんなふうに、自分《じぶん》なりに考《かんが》える習慣《しゅうかん》がついたのは、あの失恋《しつれん》の経験《けいけん》のおかげかもしれない。

なやみは人《ひと》それぞれ。家族《かぞく》や友《とも》だちなど、近《ちか》くにいる人《ひと》でも、キミのなやみを「それって、そんなに深《ふか》く考《かんが》えることなの？」と思《おも》ってしまうこともあるかもしれない。でも「自分《じぶん》にとっては考《かんが》えることに値《あたい》する」と信《しん》じられれば、それは、決《けっ》してムダな時間《じかん》ではないはずだよ。

たくさんのなやみが成長《せいちょう》のあかし

わたしは何《なに》が
したいのかな？

「好《す》き」って
何《なん》だろう？

ぼくは何《なに》が得意《とくい》なのかな？

わたしはどうしてこんな風《ふう》に
考《かんが》えたんだろう？

ぼくと友《とも》だち、
どこがちがうの？

戦争《せんそう》ってどうやったら
なくせるの？

他《ほか》の国《くに》の人たちはどんな
生活《せいかつ》をしているのかな？

わたしはどんなおとなに
なりたいんだろう？

30年後《ねんご》のぼくって
どうなっているかな？

こう考《かんが》えてみよう

イラストや図《ず》などを描《か》いてもいいね。

数年後《すうねんご》、このページを読《よ》み返《かえ》したとき、

キミはどう思《おも》うかな？

なぞペ～ 自由《じゆう》に考《かんが》えてみたことを書《か》くノート

普段《ふだん》の生活《せいかつ》で疑問《ぎもん》に思《おも》ったことや、

この本《ほん》を読《よ》んで感《かん》じたことなど、自由《じゆう》に書《か》いてみよう！

パンダくんの家《いえ》
明日《あした》の待《ま》ち合《あ》わせは10時《じ》、持《も》ち物《もの》はハンカチ、水《すい》とう……
それから、ウサギちゃんに借《か》りてたマンガ！
マンガ
これでバッチリ！！
あの子《こ》も最近《さいきん》、しっかりしてきたわね
ウサギちゃんの家《いえ》
ただいまー あれ？ お父《とう》さん、いねむりしてる
つかれてるのかな？？
ただいま！ もう、あの子《こ》はずっとマンガを読《よ》んでいたの？
いやいや、帰《かえ》ってから、ぼくの代《か》わりに洗《せん》たく物《もの》をたたんでくれたんだよ
♪
マンガ

次《つぎ》の日《ひ》
おはよーー! 待《ま》った?
ううん まだ、待《ま》ち合《あ》わせ時間《じかん》の前《まえ》だよ
ウサギちゃん、何《なん》かうれしそうだね
お父《とう》さん、お母《かあ》さんが、わたしの気持《きも》ちをわかってくれたの!
よかったね! ぼくも最近《さいきん》、しっかりしてきたって、お母《かあ》さんにほめられちゃった!
すごい!!
月曜日《げつようび》までの宿題《しゅくだい》で……
朝《あさ》、ちょっとやったけど、難《むずか》しいよ
そっかー 帰《かえ》ったらすぐ始《はじ》めよう
それより、今日《きょう》は何《なに》して遊《あそ》ぶ?

おわりに

最後《さいご》まで読《よ》み進《すす》めてくれてありがとう。時間《じかん》を上手《じょうず》に使《つか》えるようになるための考《かんが》え方《かた》やコツが、一《ひと》つでもキミのためになっていたなら、こんなにうれしいことはないと思《おも》っているよ。

じつはぼく自身《じしん》も、おとなになるまでは、時間《じかん》の使《つか》い方《かた》がとても下手《へた》だったんだ。遊《あそ》ぶだけ遊《あそ》んで、あとは体力《たいりょく》にまかせて、寝《ね》ないでやることをやったほうが、もしかしたらカッコいいことなのかもって思《おも》っていたこともあった。どこか、心《こころ》の中《なか》に「時間《じかん》はたっぷりある」という、根拠《こんきょ》のない余裕《よゆう》があったんだろうね。

でも、年齢《ねんれい》を重《かさ》ねていくと、「あの時《とき》もっとやれることがあったんじゃないかな」って、後悔《こうかい》することもあるんだ。

今《いま》は、家族《かぞく》をもって、子《こ》どもが生《う》まれた。愛《あい》するむすめ(と奥《おく》さん)に早《はや》く会《あ》いたくて、多分《たぶん》、今《いま》までの何倍《なんばい》もの集中力《しゅうちゅうりょく》で、はやく仕事《しごと》を終《お》わらせるようになった気《き》がする。

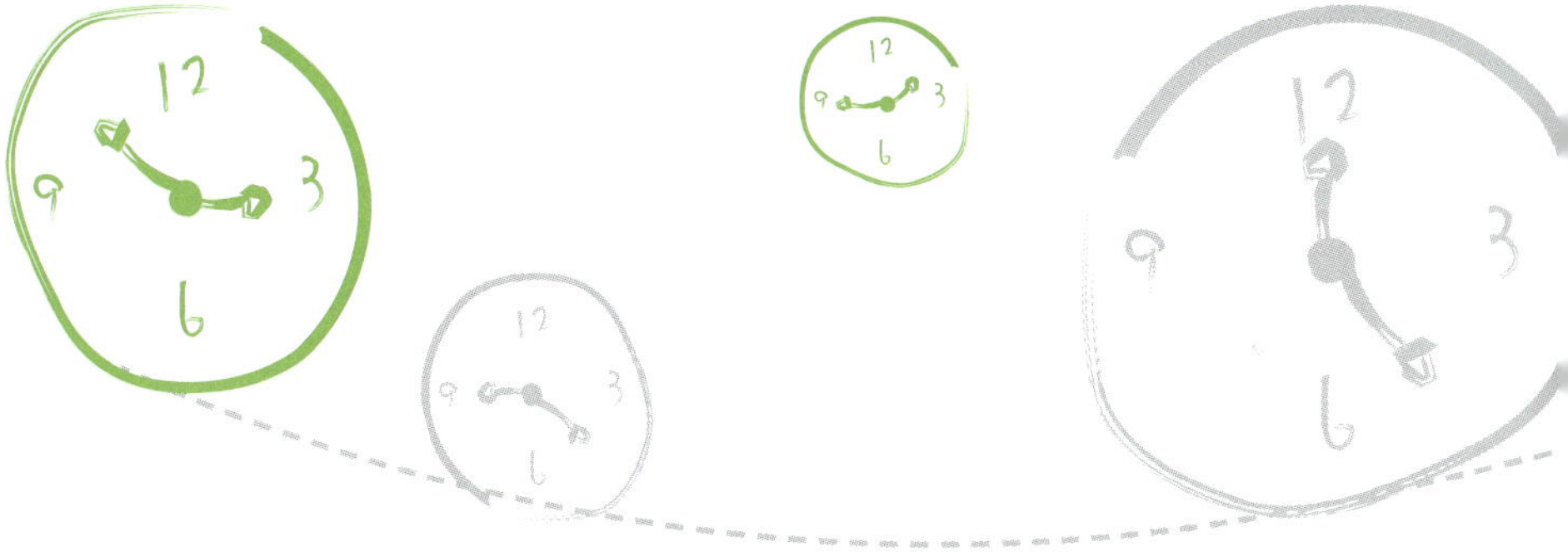

今《いま》、ぼくにとっていちばんすばらしい時間《じかん》は、家族《かぞく》といっしょに過《す》ごす時間《じかん》なんだ。多分《たぶん》、キミのおうちの人《ひと》もそう。ほんとうに大切《たいせつ》な時間《じかん》は、キミや家族《かぞく》といっしょにいられる時間《じかん》なんじゃないかなと思《おも》う。だから、きっと毎日《まいにち》テキパキとがんばれるんだよ。それだけに、キミの過《す》ごしている時間《じかん》に対《たい》して厳《きび》しくなってしまうんだろうね。

最後《さいご》に。この本《ほん》は、キミとおうちの人《ひと》が「おたがいに理解《りかい》をしあうこと」を目的《もくてき》に書《か》いたものなんだ。だから、キミにもおとなの心《こころ》を少《すこ》しだけでもいいから理解《りかい》してほしいし、おうちの人《ひと》にも、子《こ》どものころを思《おも》い出《だ》して、キミのことを理解《りかい》してほしいと思《おも》っている。おたがいにいつもより少《すこ》しだけ優《やさ》しい気持《きも》ちになれたら、そこで生《う》まれる時間《じかん》は、キミの周《まわ》りにいるみんなにとって、すばらしい時間《じかん》になるんじゃないかなと思《おも》うよ。

著者　**花まる学習会**

思考力、読書と作文を中心とした国語力、野外体験を三本柱として、
将来「メシが食える大人」「魅力的な人」を育てる学習塾。
埼玉県でスタートし、23年目で会員数は20,000人を超えた。
2016年からは中京、2017年からは関西でも展開している。

企画　岩川真弓、相澤樹、中山翔太、小林駿平（花まる学習会）

執筆　相澤樹（花まる学習会）

なぞぺー制作　中山翔太、小林駿平（花まる学習会）

デザイン・編集・制作　ジーグレイプ株式会社

イラスト　タオカミカ

12才までに身につけたい

時間の使い方

2018年 3月10日　初版第1刷発行
2025年 4月25日　　第4刷発行

著　者　花まる学習会　©2018　Hanamarugakusyukai
発行者　張 士洛
発行所　日本能率協会マネジメントセンター
〒103-6009 東京都中央区日本橋2-7-1　東京日本橋タワー
TEL　03(6362)4339 (編集)　03(6362)4558 (販売)
FAX　03(3272)8127 (編集・販売)
https://www.jmam.co.jp/
印刷所　シナノ書籍印刷株式会社
製本所　東京美術紙工協業組合

ISBN 978-4-8207-2646-3　C8076
落丁・乱丁はおとりかえします。
Printed in Japan

別冊ふろく

保護者の皆さまのための解説

花まる学習会　相澤　樹

STEP 1

いつもおこられてばかり……そんなキミへ

私は学習塾講師として、保護者の皆さまから日々、さまざまなご相談をいただきます。学習塾という性質上、お子さまの進路や成績、勉強のしかた等の学習面についてのご相談をいただくことも、もちろんあります。しかし、じつは、それよりも多くの保護者の皆さまが気にされていることは、**お子さまの普段の生活習慣**についてなのです。

なかでも圧倒的に多い相談が、本書のテーマである**「時間の使い方」**についてです。

「いつもダラダラしている」

「やるべきことを後回しにする」

「言わないとやらない（言ってもやらない）」

……例を挙げればきりがないほど、このような話で苛だたれているご家庭が多いのです。

この問題は、大人側と子ども側の相互理解の薄さが原因となっているように思われます。**大人は時間を大切に使うことを求めすぎ、子どもは時間の大切さを知らなすぎる。大人が大切にしてほしいと願う時間の使い方と、子どもが大切にしたいと思う時間の使い方の間にズレがある。**こういった、大人と子どもの間の認識のギャップが、問題を根深くしているのではないでしょうか。

私たち大人が、子どもにできる限り多くの時間を有益に過ごさせたいと思うのは、時間は有限であるということを切実に知っているからでしょう。しかし、そのことを実感しているのは、誰かに頭ごなしに言われたからではないはずです。さまざまな体験を経て、ご自身がおのずと体得したものではないでしょうか。

たとえば、中学・高校・大学入試、またはさまざまな選抜試験など。期限のある目標を達成するために、残されている時間をいかに意味のあることをして過ごすかという試練は、何度も経験されたことがあるでしょう。

一方で、大切な人との「別れ」によっても、時間の有限性は感じられます。たとえば小学6年生、卒業式も近づいてくる冬。好意を寄せている人と同じ中学校には行けないと明らかになり、残りわずかな時間を大切にしようと思う……。そういった甘酸っぱい記憶も、皆さまの心の奥底に眠っているのではないでしょうか。

二つの例は、ともに「時間は大切だ」ということを知る良い経験です。共通するのは、「ゴール」があるということ。結果が望んだ通りのものではなかったとしても、その時に芽生えた後悔が次に向けての糧となれば、やがて時間を有意義に使えるようになることでしょう。

ただし、おもしろいもので、前者の例は私たち大人からすると応援しやすく、後者の例は、大事だと頭ではわかっていても、ちょっと引っかかってしまうものです。

「わかるよ、お別れは寂しいよね。少しでも長く一緒にいる時間を過ごしたい気持ちはとてもわかる。大事だよ。でも、その前にやることはやって！」

保護者としての皆さまは、このような気持ちになりがちなのではないでしょうか。

しかし、かつて子どもであった皆さまの優先順位は、お別れの前に過ごせる時間のほうが上だったはず。それ以上に大事なことなんてない、くらいに思っていたのではないでしょうか。現在、そう考えている子どもたちも、健全な時間の使い方を体験しているのです。

本書を通して、**親子間の時間に関する考え方のギャップを埋めて、相互理解を深めていただけること**を願っています。子どもたちに、保護者の皆さまの想いを理解してもらうと同時に、保護者の皆さまにも、子どもたちの内面を知っていただき、「時間を大切にする」ということの許容範囲を少し広げてもらえればと思い、保護者向け解説書としてまとめました。お子さまが本編を読むかたわらで、ご一緒に読み進めていただければ幸甚です。

STEP 2

どうして遅刻をしてはいけないの？

本章は、待ち合わせの場面を例に、**「自分」と「人」と「時間」について、子どもたちに考えてもらう**ことを目的としています。

「時間という概念を通して、自分や周囲の人の内面を客観的に見る」という時間は、学習の一環としてはあまり取り上げられていません。しかし、**信用の蓄積の基盤にあるものは、「時間を守る」という行為**だということは、小学生の早い段階から課題として設定し、身につけておきたいものです。

時間を守らない＝信用されない。あるいは、積み重ねてきた信用を一瞬で破壊するだけの力をもっている。

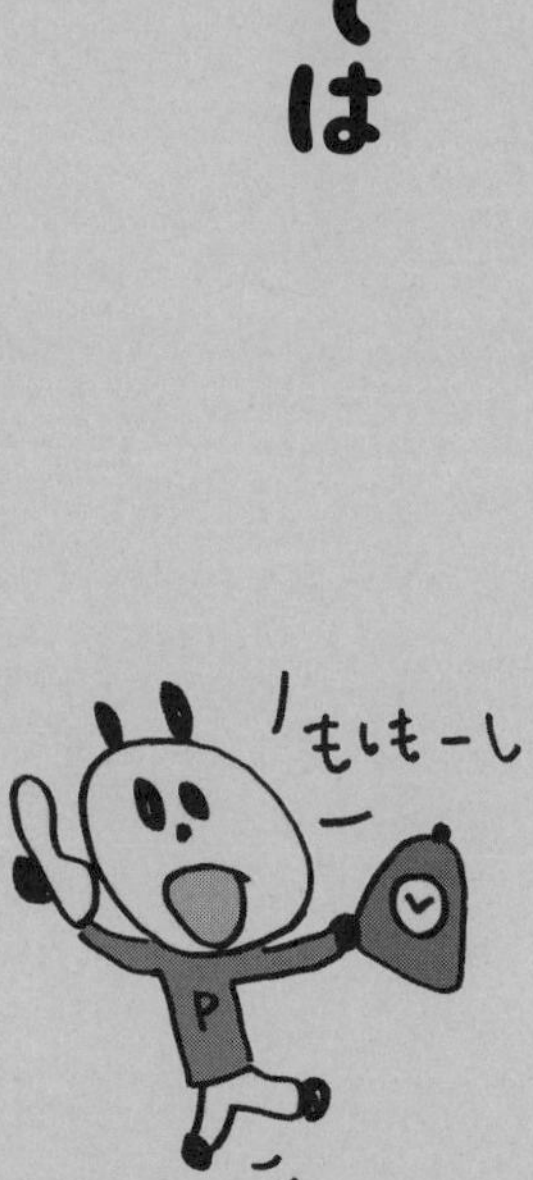

それくらい、遅刻は甘くないんだよ、ということは、大人が本音で伝えるべきものです。

さて、小学校高学年になると、自分の体裁を保つための知恵をつけてきます。どんな言い訳をすれば、自分が傷つくことを最小限に抑えられるかを、一生懸命考えるのです。

たとえば、定められた提出期日に、宿題を出せなかったとき。多くの子が、「宿題はちゃんとやったんだけど、しまうのを忘れて家に置いてきてしまいました。ごめんなさい」という言い訳を使います。

まぁ、宿題はまずやっていません。その場を取り繕っているだけです。しかし、「やるべきことをやる」ということを学ばせる上で、非常に良い機会です。私は、そんな言い訳をする子にこう話します。

「**『宿題を持ってこなかった』ということは、約束を守れていないという点で、『宿題をやっていない』のと全く同じ。**君が社会に出て働いた時に、『頼まれた仕事をやったんだけど、持ってくるのを忘れました』なんて言ったら、二度と仕事は回ってこないと考えていい。つまり、仕事がなくなるということだ。

君が今こうして習い事に来て、食べることに困らずにいられるのは、**君のお父さんやお母さんが、人との約束を守り続けている毎日を過ごしているから。**宿題を期日までに出すということは、大人になった時に約束を守れる人になるための大事な訓練なんだ。このことを覚えておきなさい」

深く反省し、二度と過ちは犯すまいと思っても、まだまだ子ども。しばらくすれば、同じ過ちをくり返すものです。

しかし、失敗の過程を糧にして、少しずつ深く自省できるようになり、失敗の頻度を減らしていくのです。

健やかに育っている子ならば、親の言うことは徐々に聞かなくなっていくものですから、高学年になったら、ガミガミ言って聞かせるよりは、自己判断と責任を負う経験を積ませましょう。

学校の先生でも、塾の先生でも、習い事のコーチでも良いので、愛と厳しさで導いてくれる「外の師匠」にピシッと言ってもらうことが、一番子どもに響きます。

また、**生きられる時間の概算**を取り上げました。**自分と他者にとっての時間の価値の違い**について、想像を膨らませてもらうことを目的としています。

たとえば、三日後に大切な試験を控えたAさんと、一ヵ月後に同じく大切な試験に臨むBさんがいたとします。まだ多少は時間的に余裕のあるBさんが、残り三日をいかに有効に使うかを必死で考えて行動しているAさんに、時間のかかる相談を持ちかけたら、Aさんはどう思うでしょうか。逆に、試験を終えて時間にゆとりのできたAさんが、いよいよ試験が目前に迫ったBさんに、他愛もない話に長時間を割かせたら、Bさんはどう感じるでしょうか。前者も後者も、決して良い気持ちはしないでしょう。

つまり、**時間の貴重さは、人それぞれ置かれている状況によって異なる**ということです。

人それぞれに、大切な人生の時間があるということを知り、**自分の時間と同じように、他者の時間も大切にできる人**になってほしいと願っています。

STEP 3

「良い夢中」と「悪い夢中」がある！

保護者の皆さまには、学習面の話をしましょう。

現場で子どもたちの成長の様子を観察していると、あることに気づかされます。低学年の頃は、目立った成績ではなくても、高学年以降にグングンと学力をつけている子がおり、一方で、低学年時代は百点を連発していても、高学年になると急に伸び悩む子がいます。

さまざまな要因はあるのですが、明らかなことは、あとから伸びる子は共通して「集中力の質」が良い、ということです。

集中力は〈静（刺激が少ない）〉と〈動（刺激が強い）〉、〈受（受動的）〉と〈能（能動的）〉に分けられると、私は考えています。

あとから伸びる子は、集中力の質が〈静〉で〈能〉である、つまり、**刺激が少ないものに対して、自ら働きかける集中力をもっている**ことが多いのです。そうすると、たとえばプリントの問題や授業中の大勢に向けた先生の話など、刺激が薄いものでも、高い集中力をもって、自ら入り込んでいくことができるのです。

一方で、同じ集中力でも、〈動〉かつ〈受〉の集中力に偏ってしまうと、刺激の薄いものへの集中力が保てません。「テレビを観ている時やゲームをしている時の集中力を、勉強にも活かせないものか」と相談を受けますが、残念ながら集中力の質が違うので、活かせないのです。

質の良い集中力は、いつ育まれているでしょうか。これは、夢中になれる良い遊びをしている最中です。本編の中でもいくつか例を挙げましたが、たとえば工作、生き物や植物の観察、囲碁や将棋等のゲーム、迷路、ブロック遊びが好きという子は、良い集中力を身につけているケースが多いです。そして、やはり外遊びを豊富にしている子は、四季折々のかすかな日々の変化を観察したり、自らの頭で主体的にゼロから遊びを生み出したりする経験量が豊富になります。そのため、非常に良い集中力を育んでいる傾向が強いと言えます。

何の遊びが良質な集中力を育むのに効果的かということを論じたい訳ではありません。大事なことは、**刺激の少ない遊びに夢中になっている時間は決してムダな時間ではない**ということを知っておいてほしいということです。

子どもたちは大人に比べると、総じて好奇心が旺盛です。好奇心がエネルギーとなり、「不思議だな」「何でだろう」と感じる興味の対象を深く観察するようになります。すると、周囲の声も聞こえなくなるほど集中力を高めます。しかし、しばらくすると満たされ次の好奇心の対象を探すのです。

この**好奇心→※観察眼→夢中→飽きのサイクル**を回している時が、良質な集中力を磨いている時です。ぜひ、そっと見守ってあげてください。

※観察眼……ただの「観察」ではなく、細部までこだわって、じーっと、よく見続けること。

STEP 4

上手に時間を使うとここがおトク！

「保護者の方が最も悩まれているのは子どもの時間の使い方」だと、最初にお伝えしました。そのなかでも悩みが深いのは、**子どもがやるべきことを後回しにするという問題**です。

「この楽しい時間が終わったら、宿題をやらなきゃいけないな」と思いながら過ごすことは、心持ちとしては決して解放された時間とは言えません。自由な時間を過ごしているのに、その後にやらなければいけないことに縛られて、どこか不自由を感じながら過ごしている。それは、多くの子どもたちもわかっています。だからと言って、おうちの方に「早くやりなさい」「先に終わらせたほうが、後で楽でしょう」と言われても、反発してしまうもの。この問題の難しさは、言葉で言い聞かせにくいところにあるのです。**解決策は、本人が「なるほど、確かに先に終わらせたほうがいい」と心から実感する**ことです。

本章は、「時間を上手に使う（やるべきことを先にやる）と何がトクなのか」という切り口で、この問題について、子どもたちに投げかけています。

損得で物事を考え、スキルを得ることは、決して王道だとは思っていません。しかし、時間に対して関心

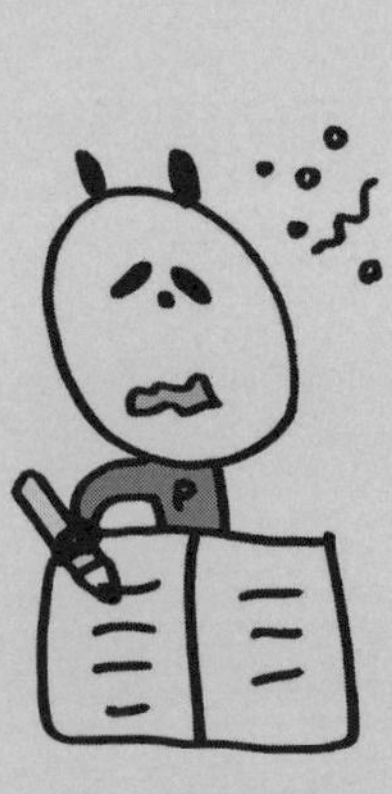

をもって本書を手に取ったのならば、行動を起こす一助として、上手に時間を使った先にある良い面を知ってもらうことには価値があるかと思います。**やるべきことを先にやれる子は、自分で自由に使える時間に後ろめたさを感じることなく、言葉通り自由に過ごすことの気持ち良さを知っている**のです。

さて、「言ってもやらない子ども」にも、彼らなりの言い分があります。「やるべきことをやり終えても、わんこそば式に課題が用意されている」と感じてしまう、ということです。つまり、「やってもやっても、自分の自由な時間なんて来やしない。だったら、先にやりたいことをやってしまえ」と思っているのです。

これは、子ども側に一理あります。学校の宿題の他に、習い事や学習塾、通信教育など、将来を見据えて、やれることはどんどん先行させてやらせておきたいという親心を、私たちは抱えがちではないでしょうか。無意識のうちに、子どもに多くを求めすぎてはいないかと、たまに客観的に見てみるといいかもしれません。詳しくは、ステップ9の解説をお読みください。

子どもに自由な時間を与えることは、保護者と子どもの間に信頼関係を結ぶことでもあります。言われなくても優先順位に大きな間違いを起こさない子は、**「言わなくてもやると信じられている」という責任感が育っている**ケースが多いのです。

STEP 5 近くのおとなからヒントをぬすもう！

子どもと大人の時間の使い方を比較した時、決定的に違うのは、やるべきタスクの量です。**やることが多くなれば、自然と時間の使い方を考えられるようになるもの**です。

とりわけ、社会に出て仕事を始めれば、締切があることへの責任から上手に時間を使わなければタスクを終えられないこともあるでしょうし、また、子どもが生まれ、父、母になると、日常生活の中でもやらなければいけないことがより増えてくるはずです。

誰もがいきなりタイムマネジメントに長けていた訳ではなくて、**成長とともに、少しずつそうしなければいけなくなっていく**というのが、正しい認識なのではないでしょうか。

本編の事例でも挙げましたが、**私たち大人は、マルチタスクを秒単位でおこないながら、頭の中は次のタスクをイメージすることを、当たり前のようにこなせています。**

平日の夜は、夕食をつくりながら翌日の食材を確認し、朝食やお弁当の献立を考え、翌日の買い物で何を買い足すかまでイメージしていることでしょう。就寝前に米をといで炊飯器のスイッチを入れておき、目が覚めるタイミングで米は炊き上がっているようにする。そして朝は、洗濯機を回し始めたら、朝食の準備、ゴミ出し。朝食を終えたら休む間もなく洗濯物を干し、お皿を洗いながら子どもたちを急き立て、そろそろご自身の出発の準備をされて……。少しずつ頭の中は仕事モードに切り替わるのかもしれませんし、掃除や買い物やその日の段取りのことを考えているのかもしれません。

子どもたちの世界でも、年齢が上がるごとに、タスクは増えていきます。中学生になり部活を始めたりすると、帰宅の時間が遅くなってきます。また、塾や習い事があれば、さらに自由な時間は減っていくでしょう。

成長を見守っていると、大体そのくらいの時期から、自然と時間と生活のバランスを考え始めている様子がうかがえます。高校受験を控え、具体的な目標が設定されれば、その日までにやるべきことの逆算を始めることでしょう。

とはいえ、今日から始められるタイムマネジメントのコツを知ることも、時には必要でしょう。

「時間を先に進めた時の予測」ができるようになれば、おのずと行動に結びついてくるものです。本編では「翌日の学校の準備」を習慣的にできるようになることが、良い練習になると伝えています。小学校低学年では時間割をきちんと揃えることを課題とし、高学年は、さらに細かい部分の抜け・漏れがない予測と準備が、当たり前にできるようになることを目指したいですね。

STEP 6

めんどうな「準備」を短い時間で終わらせるには？

ステップ6ではステップ5を掘り下げて、「なぜ時間をかけて準備をする必要があるのか」の本当の理由を知ってもらえればと思い、執筆しています。

忘れ物をすると叱られる。だから、忘れ物をしないほうがいい。幼いうちはそんなふうに考えるでしょう。しかし、なぜ叱られるのでしょうか。多くの子は「自分が必要なものを持っていなかったから叱られる」と考えがちです。もちろん、これは誤りではありません。「必要なものを用意していないことで起こる不利益があると、あなたの時間がもったいないよね」という意味合いで、気をつけるように指摘をすることもあります。

ただ、それ以上に伝えたいことは、**他の人の時間にも不利益を生じさせる可能性がある**ということなのです。本編で書いた通り、「忘れ物をしなければ、自分もみんなもムダな時間を使ったり、困ったりすることがない」ということに、本質があると考えます。

他者の時間という部分を深く理解できると、やるべきことの精度を高める心構えが芽生えるなど、優先順位のつけ方にも少しずつ変化が出てくるでしょう。

さらに、**片付けと時間効率の密接な関係**についても触れました。一般的に、人は探し物に1日10分程度の時間を費やしているという調査結果があります。

感覚としていかがでしょうか。私自身、もっと時間をかけているような気がしています。1日の中でちょっとした探し物（すぐに見つかるものも含めて）をする機会は、意外と多い気がするのです。具体的な物はもちろん、情報を探すこともあるでしょうし、パソコンに保存されている書類やメールを探すこともあるでしょう。

どんなに、情報を整理し仕分けを上手にしていても「探す時間をゼロにする」ということは、現実的には起こらないでしょう。しかし時間を上手に使う人は間違いなく「探す」時間を極力ゼロに近づける工夫と努力をし続けています。

平均10分と言われる物を探す時間を5分にすることに価値を感じられるのか。20分かかっても仕方がないと思うのか。数年後には探し物にかけている時間の差は莫大なものになっていきます。そうならないようにするために、大事なことはたった一つ。それは**整理整頓を習慣にすること**です。

……とはいえ、時間管理の次に保護者の皆さまを悩ませている課題は、整理整頓なのです。詳しくは本シリーズの『整理整とん』に譲りますが、ここでは時間の使い方と整理整頓には密接な関係があるということだけ、理解しておいていただきたいと思います。

STEP 7

ついつい他のことが気になっちゃうキミ！

思い描いた時間通りに事が進まない要因は多くの場合、**誘惑に身を委ねてしまう**というところにあります。これは、決して子どもの世界だけのことではなく、私たち大人の世界にもはびこる甘い罠です。「よし、8時になったら始めよう」と心に決めるものの、8時には必ずまた誘惑があるのです。

そして、その誘惑をわざわざ探していることもあるかもしれません。やりたいことがなくても、ちょっとスマートフォンをいじりながら、何となく今じゃなくてもいい検索を始めてみる……。そんな経験のある方は多いのではないでしょうか。スマートフォンはとても便利なものではありますが、いくらでも時間を使えてしまうという危険をはらんでいます。

さて、本編でも書きましたが、**「やる気を出す準備」をいくらしていても、行動にはつながりません。**それは、体の良い理由をつけて、誘惑に負けているだけです。やる気がなくても行動を起こしたほうが、よほど時間効率が良いのは明らかです。ましてや、心の中ではやりたくないと思っていることに対して、少し時間が経てばものすごく強いやる気が出るなんて、そもそも絶対に起こりませんよね。だから、**とにかく行動する癖**

をつけることが大事です。そして、経験の中で**やるべきことは意外と時間がかからない**という感覚を得られれば、「さっさと終わらせよう」と思うようになるものです。

賛否はあると思いますが、私は宿題を学校にいる間（休み時間に限り）に終わらせている子はなかなか大したものだなと思っています。もちろん、学習の定着を図るという意味で、あえて少し時間が経ったところで（つまり家に帰ってから）やることによる価値もあります。しかし、子どもの判断で、有益に時間を使おうとした工夫を止めさせるのは、一概に正しいとは言えないような気がするのです。

話を戻しましょう。誘惑に負けず、やるべきことを先にやれるようになるためには、何から始めれば良いでしょうか。

子どもたちには、**実際にかかる時間は意外と短いものという実感を持つことと、言葉を変えること**を伝えました。

保護者の皆さまには、もう一つつけ加えさせていただきます。**毎朝、何が何でも決めた時間に起きる習慣を徹底させること**が、何よりも効果的です。もう少し寝ていたいという誘惑に負け続けると、甘い時間に身を委ねる練習になってしまいます。朝から誘惑に負けたらその日一日、何だかんだ理由をつけて、大事なことを後回しにしていくでしょう。

大事なのは、**休みの日でも起床時間は変えないということ**です。これが実践できれば、随分強いメンタルが育てられていきますし、この習慣は、後々社会に出て働く時にも役に立ちます。一日のスタートに、起きるべき時間にスパッと起きる習慣は、時間を上手に使えるようになることの下支えになりますよ。

STEP 8 「自分の時間」ってどうやってつくればいいの？

本書のテーマでもある**「大人と子どものギャップ」**に迫った部分です。これは、本当に相互理解が必要なところです。つまり、**子どもの言い分にも間違いなく一理ある**のです。

「やることはしっかりやり終えたけど、次から次に課題が飛び出してくる。だったら、やることを後回しにして、やりたいことを先にやってしまいたい」

このような発想を子どもがしてしまうのは、望ましいことではありません。しかし、ゆったりまったりしている姿を見ていると、ついつい「ダラダラするくらいなら、何か問題でも解いていたほうが、この子にとって意味のある時間になるのではないか」と考え、課題を提示してしまいがちです。

これは善意の親心から来るものでしょう。しかし、目先の「時間」にとらわれすぎているように見受けられます。**「有益な時間＝勉強をしている時」だと、思い込みすぎてはいないでしょうか。**さらに、少々厳しい言い方をしますと、子どもが言う通りにしてくれている ことが**「大人の精神衛生に良い時間」になっている可能性すら考えられます。**

もう少し視野を広くもって、やるべきタスクを完了している子には、**高度な「時間の使い方を考える時間」**を与えても良いのではないでしょうか。

本シリーズは、花まる学習会のメソッドでもある**「メシが食える大人に育てる」**がキーワードです。じつは、これからの時代、メシが食える大人になる要件は、課題解決型能力ではありません。求められる力は**課題設定型能力**です。

これは、隙間なく課題が詰め込まれた毎日では決して育ちません。極端な例でいえば「暇で暇で暇で……暇すぎて死んでしまうかも」と本気で思えるところまで行き着き、そこで自らがこの時間に何をしたいのかと考え、行動に移す経験も、間違いなく将来に向けて大事なことなのです。

本編でも少し触れましたが、現在、自分のやりたいことを書けない、無気力タイプの子がじつに多いのです。これは、車にたとえると「自分でエンジンをかけたことがない」状態です。常に運転席を陣取られ、エンジンはかけられっぱなしで、絶え間なく走らされているために、自分からは気力が沸いてこないし、そもそも気力を沸かせる必要性もないのです。

思い切って、運転席を譲ってみると良いかもしれません。もちろん、子どもですから、運転席に座ってもいきなり走り始められるわけではありません。このスイッチは何だろう。どこを踏めば走るのだろう。まずはさまざまな情報を収集し、理解したら、必ずゆっくりとアクセルを踏み出します。本来、子どもは停滞が一番苦手なことなのですから。

アクセルを踏むまでの時間は「自分がほんとうにやりたいこと」に向き合う時間であり、これもまた、意味のある時間だと理解してあげてみてください。

STEP 9

ずるずるダラダラ……ほんとうにいけないことなの？

家は心も体もオフにして、次の日への英気を養う場所であることが望ましいと、家族の全員がそう思っているはずです。家の中でも気を張り続けて、緊張感をもって過ごしていたら疲れてしまいます。そして、疲労の蓄積は集中力を下げ、作業効率を悪くして、結果として必要以上に時間を費やしてしまう原因にもなります。

社会情勢が高速で変化し続けている現代において、常に新鮮な情報への感度を高めていなければいけなかったり、その情報を処理しなければいけなかったり、要不要の取捨選択をしたり。皆さまも、お仕事中や、やらなければいけない家事をしている時は、全く気の抜けない時間を過ごされているのではないでしょうか。

そして、大人と同じように……とは言いませんが、子どもたちも子どもたちなりに、外では気を張って過ごしているのです。

しかし、家の中で家族がみんな思いのまま、くつろいでいられるかというと、現実はそうではありません。食事の準備や洗い物、洗濯、掃除にゴミ出し、買い物……家族のためにやらなければいけないことは非常に多くあるものです。

たとえばお母さまが忙しく家事をしていて、心身ともに家の中でスイッチオン状態の時に、目の前で寝転がりながらテレビを見ている子がいれば、小言の一つでも言いたくなることでしょう。**子どもたちには、家事をする人の気持ちに気がついてほしい、そんな気持ちをお持ちなのではないでしょうか。**

本編では、一例として学校での発表を挙げました。自分が一生懸命発表している時に、先生や友達が無関心であったらどう思うでしょう。まず、決して良い気持ちにはならないはずです。それと全く同じことを、家の中で自分がしているとしたら……。このように、想像してくれると良いですね。

時間について考察を深めていくと、ごく当たり前のことなのですが、ある結論にたどりつきます。それは**他者の時間と自分の時間は相対的である、つまり、自分が何かの作業をしないということは、他の人がその作業のために時間を費やしている**ということです。それはこの世界で生きていく上で、避けては通れないことです。

家族が生きていくことはもとより、社会生活を営む以上、家の中で起こる全てのできごとは、子どもであっても当事者です。たとえお母さまが専業主婦をされているご家庭であっても、家庭内での仕事をすべて、一人の人間が行うのは不均衡です。せめてその仕事量とかけている時間の1～2割でも、家族のみんなで補えば、お母さまの仕事量と時間はもしかしたら5～7割くらいに減るかもしれません。

ご家庭の全てのメンバーが、自分の自由に使える時間を多少なりとももてるようになれば、子どもたちのリラックスタイムにも寛容になれるのではないでしょうか。

STEP 10

ムダなようでムダじゃない時間！

本書の最後の章として、「ムダな時間」について改めて記しています。

後になって後悔する時間の使い方は、決して有益な時間とは言えないでしょう。本章において、強く保護者の皆さまに伝えたいのは、その**「後悔」は早いうちに、あえて経験させておくことをおすすめしたい**ということです。

宿題を例にとってみましょう。ある子が宿題を何度言ってもやらず、直前になって保護者の手を借りて、ようやく急場しのぎで体裁だけを整え、何とかギリギリで提出ができたとします。「提出した」という事実があるので、先生に叱られることはないかもしれません。

しかし、このような行動をくり返すことが、その子にとって有益な時間と言えるでしょうか。後悔という苦しみを味わっていないので、時間の使い方の失敗を、実感を伴った学びにできていません。それよりも、やっていない状態で持って行かせて、厳しく叱られることのほうが、**「時間があるうちにやっておけば良かった」という後悔の味を覚えられる**ものです。

よくある「やったけど持ってくるのを忘れました」なんて言い訳は、話し方で嘘か真実か見抜かれています。

仮に真実だったとしても、入れ忘れたという詰めの甘さを後悔することのほうが大事ですし、そこで嘘をついていたのならば、心に残る嫌なざらつきも、成長の糧になるのです。

一方で子どもたちには、**「自分の内面に向き合う時間を大事にしてほしい**と思っています。

とくに、思春期に入る小学校高学年以降は、思考の階層がどんどん深くなっていきます。少し心に負荷がかかる経験から、とりとめのないスパイラルを進んでいき、深く深く考えた先にあるものの正体は「哲学」です。何を美しいと感じるのか。どう生きたいのか。愛ってなんだろう。幸せってなんだろう。自分と同じ年齢の時の両親はどんな人だったんだろう。ほんの数年前は気づきもしなかった、ちょっとした違和感に大きくつまずき、その都度、考えることができるようになる時期を迎えるのです。

この時間は、子ども以上大人未満の時におとずれるギフト。そこで哲学を深めることに時間を費やし、自分なりにその時々の答えらしきものを支えにしてきた人は、**考える習慣**を身につけていきます。

大人になった時に、漠然とした時間を刹那的に過ごすか、それとも、**「自分がどう生きたいのか」という指針を決めるために、立ち止まる時間を設けるか。この差は、生きている時間を大切にする差**になるのではないかと思います。

またお会いしましょう!